暨南鎏金岁月

陈联　梁燕

主编

暨南大学出版社
JINAN UNIVERSITY PRESS

中国·广州

图书在版编目（CIP）数据

暨南鎏金岁月/陈联，梁燕主编. —广州：暨南大学出版社，2023.11
ISBN 978 - 7 - 5668 - 3792 - 9

Ⅰ.①暨…　Ⅱ.①陈…②梁…　Ⅲ.①暨南大学—校友—回忆录
Ⅳ.①G649.286.51

中国国家版本馆 CIP 数据核字（2023）第 194801 号

暨南鎏金岁月
JINAN LIUJIN SUIYUE

主　编：陈　联　梁　燕

· ·

出 版 人：张晋升
责任编辑：武艳飞　陈俞潼　王莎莎
责任校对：刘舜怡　梁念慈
责任印制：周一丹　郑玉婷

出版发行：暨南大学出版社（511443）
电　　话：总编室（8620）37332601
　　　　　营销部（8620）37332680　37332681　37332682　37332683
传　　真：（8620）37332660（办公室）　37332684（营销部）
网　　址：http://www.jnupress.com
排　　版：广州良弓广告有限公司
印　　刷：广东广州日报传媒股份有限公司印务分公司
开　　本：787mm×960mm　1/16
印　　张：15.25
字　　数：212 千
版　　次：2023 年 11 月第 1 版
印　　次：2023 年 11 月第 1 次
定　　价：78.00 元

序

在暨南大学 117 年岁月里，莘莘学子在暨南园中留下了许多珍贵的青春回忆。那些点点滴滴的回忆和故事，如同散落的珠玉，镶嵌在岁月的长河中。一代代暨南师生、校友的鲜活记忆和他们写下的动人故事，凝结成了暨南大学强大的精神内核，成就了这所百年侨校的别样灵魂。

念念不忘，必有回响。这本书将帮你开启你的暨南故事。这些故事虽然远去，却记忆犹新，是谓"鎏金岁月"。《暨南鎏金岁月》里的校友们或述说历史，或感怀岁月，或记录生活，或致敬青春……

在这本书里，我们可以触摸到暨南的厚重与坚韧，品读到一代代暨南人传承暨南先贤家国大义的赤子情怀和使命担当。在重建复办伊始，百废待兴之时，暨南人坚忍不拔，艰苦奋斗，全校上下团结一心，倾注心力，为把祖国的华侨教育发扬光大。一批又一批海外华侨青年回国深造，投身祖国的建设，他们是暨南发展壮大的亲历者、见证者，是投身中华民族复兴伟业、勇立时代潮头的开拓者、奋进者。

在这本书里，我们看到无数的暨南人把整个青春交托于暨南。从五洲四海踏浪而来的青年，将梦想夹进通知书里，以暨南为起点，他们收获了恩师、知音、伴侣……他们在美丽的暨南园写下了青春最闪耀的篇章。骑着单车、戴着墨镜、听着收音机的"新潮"青年是暨南园里的闪亮一景；造型独特的"蒙古包"不仅有一日三餐的烟火气，还是欢歌笑语的大舞池；明湖边的阵阵读书声犹在耳边回响；恩师的鞭策历历在目……喜悦和感动，让学子们在多年之后仍记忆犹新，时常回味。

《暨南鎏金岁月》是一本关于记忆的书，当尘封的记忆拂去岁月的灰尘，暨南的风物变得生动亲切起来。这些温暖的故事在时空的流转中不断沉淀。我想这些记忆不仅属于他们，还应该属于我们这个时代。因为"忠信笃敬、知行合一、自强不息、和而不同"的精神将一直在暨南人的血液里流淌。

聚是一团火，散是满天星。在暨南园里编织希望，从这里展翅飞翔，走向五洲四海，成就每个人的星辰大海。我们都是百年暨南接续向前的中坚力量。借此书，我也希望海内外暨南校友、师生从历史中感受人文的温度，汲取奋进的力量，弘扬奋斗精神，在新时代新征程上写下人生更加绚丽的篇章，为暨南的发展注入源源不断的蓬勃力量！

2023 年 10 月

暨南鎏金岁月

目
录
Contents

暨南鎏金岁月

目录
Contents

暨南鎏金岁月

目

录

Contents

第 一 章

忠信报家国 笃敬矢求知

暨南精神首在爱国

关汉夫

迎接百年校庆，讨论暨南精神，是为着挖掘学校的历史积淀和人文资源，寻找增强学校凝聚力的价值理想和精神信念。学校号召老同志们积极参与。我虽所知有限，却愿意尽暨南人的一份责任，回忆零星往事，搜寻些许史料，发几句议论，抒一孔之见。

一

初识暨南，我是在 1949 年前上海的街头。1947 年元旦，上海 27 所大中院校万余名学生，为声讨美军水兵在北平东单强奸北大女生沈崇，以及此前美军水兵在上海打死人力车夫臧大咬子等罪行，举行了声势浩大的"抗议美军暴行大示威"。浩浩荡荡的队伍，高举着"抗议美军暴行"巨幅横标，一路高呼"中国不是殖民地！""美国兵，滚出去！""为臧大咬子复仇！""为沈崇同学雪耻！"等口号，深深打动了无数中国人的心。1946—1949 年，我在"国立同济大学附中"读书。在学长们的带领下，我也行进在这支队伍当中，经过北四川路，在外滩公园集合，再从外滩沿南京路进发在群情激奋的场景中，除了"国立同济大学""国立交通大学""国立复旦大学""上海法学院"等校的旗帜外，我还看到"国立暨南大学"的旗帜。我问同行的学友，暨南大学是什么大学？学友说："是专收南洋华侨的，校址在真如路。他们的足球队很厉害。"这就是我对暨南大学最初的了解。

1947—1948 年间，人民解放战争节节胜利，上海爱国进步学生运动汹涌澎湃。在上海学联的组织发动下，同济大学附中的学生跟大学同学一道，先后参加了"五二〇"反饥饿、反内战、反迫害斗争，抗议浙大于子三被杀害事件，"救饥救寒"劝募寒衣运动，抗议港英九龙暴行，同济"一二·九"风暴，"反美扶日"大游行等爱国民主运动。这些爱国民主运动，暨南大学和上海其他一些大中院校的学生都有参加。后来，我也就知道，在 1949 年前的上海，暨大和交大、同济、复旦这四所高校，同是学生运动中最活跃的"先锋队"，都有"民主堡垒"之称。

二

1982 年，我有幸来到暨南大学工作，由此成为暨南人中的一员，有机会阅览、了解暨南校史。知道暨南大学是一所富有爱国民主传统的华侨学校，在北伐战争、抗日战争、解放战争等各个历史时期，暨南师生都积极投身于爱国民主斗争，为祖国的独立、民族的解放而英勇奋斗。

在 1924—1927 年国共合作的国民革命中，暨南师生在"打倒列强除军阀"的旗帜下，曾经为抗议帝国主义制造的"五卅惨案"而奔走呼号，组织宣传队声讨英、日帝国主义屠杀中国人民的罪行，成立募捐队支援上海和"省港大罢工"工人；发动同学考入黄埔军校、进入农民运动讲习所，这些同学后来成为军事和农运骨干，有的担任北伐军的党代表，有的担任农民运动特派员。

在抗日救亡运动中，1935 年 12 月 20 日，暨南师生加入上海各校响应北平"一二·九"抗日救亡运动的游行行列。他们不顾饥寒交迫，不顾警察喷放浓烟，坚持席地而坐，呼喊口号，迫使市长吴铁城出来接见，与学生代表交谈，接受同学抗日要求。1936 年 1 月，随着上海市各界救国会正式成立，暨南大学救国会（简称暨大救国会）也成立了。暨大救国会最初是在梁灵光的寓所活动，后来移到别处。1936 年春节寒假期间，暨大救国会同学 40 多人分为 5 小队到曹家渡一带作抗日宣传，机智地同警察周旋，成功组织 2 万名工人游行集会，宣传抗日主张。救国会还找到上海救国会领袖史良，一同乘汽车送来面包、饼干慰问同学们。继而，1936 年 11 月，傅作义率部在绥远抗战，收复百灵庙；暨大救国会号召募捐，全校捐款超过千元，师生们动手缝制丝绵背心 500 件，还有慰问袋、慰问信一大批，北上绥远前线，慰劳抗日将士。1936 年下半年，东北义勇军抗日捷报传来，暨南学生发起"每日一枚（钱），劝募寒衣"活动，寒假期间，十多位同学动手缝制棉衣，送到东北慰劳义勇军。

1937 年"七七事变"，全面抗战爆发。同年"八一三事变"，日军大举进攻上海，位于真如的暨南园毁于战火。学校迁移到当时宣布"中立"、处于日军占领区四面包围、形成"孤岛"状态的市内公共租界，租用校舍，坚持分散教学。1941 年 12 月 8 日，日军偷袭珍珠港，太平洋战争爆发。当天凌晨，日军占领租界，于是，就有了郑振铎教授在《蛰居散记》中所深情记述的、暨大师生悲壮的"最后一课"："'没有伤感，没有悲哀，只有坚定的决心'，'没有迟疑，没有踌躇，没有彷徨，每个人都已决定了应该怎么办，应该向哪一个方面走去。炽热的心，像钢铁铸成似的坚固，像走着鹅步的仪仗队似的一致。'"这显示出暨南师生坚持爱国立场，不向日伪势力低头的民族气节。

上海沦陷后，学校先是宣布西迁南昌，因战局骤变，后改迁福建建阳。1937 年 11 月以后的迁校过程中，曾成立暨南大学学生救亡团，从上海到南昌，一路上开展抗日救亡宣传。

抗日战争胜利后，1946 年 6 月，暨大复员回沪。如前所述暨大师生同上海各校师生一道，在上海学联的领导下，参加了"抗议美军暴行"等爱国民主运动。1947 年 5 月 19 日，上海学生举行"反饥饿、反内战、反迫害"大游行，在苏州河畔桥头，暨大学生与国民党军警马队展开搏斗，使游行队伍趁马队混乱之机，冲开一条路继续前进。在这些爱国民主运动中，暨大学生是主力之一，始终站在斗争前列，为社会所瞩目。《文汇报》曾以大字标题，称暨大为"东南民主堡垒"。

中国学生爱国民主运动的史册，载入了暨大师生写下的光辉篇章。暨南大学不愧是一所富有爱国民主传统的华侨学校。

三

斗转星移，时光流逝，随着政权的更迭，中华人民共和国成立，中国的历史进入一个新的时代。暨大几经停办，走过曲折道路，终于在 1978 年又获新生。我来暨大工作，从在职到离休，迄今已 24 年。工作于斯，颐养于斯，对暨大的认知也渐深。我深切感到：尽管时代变了，如今不再是革命和战争的年代，不再是御敌救亡的年代，不再是反动统治的年代，但是这所华侨大学的爱国民主传统依然未变，只不过传承的方式、表现的形态与时俱进，有了新的变化。爱国民主的光荣传统，虽然在 1999 年 5 月也曾以游行示威抗议美国军机轰炸我驻南斯拉夫大使馆的传统方式出现过，但更多的是以关心国事、为国争光、关爱民众、服务社会的行动来体现。暨南人过往为祖国的独立、民族的解放而英勇奋斗，如今为祖国的强盛、人民的幸福而贡献力量，其"爱国为民"的精神是一脉相承的。

1983 年暑假，一群暨大学子组成自行车队，沿着京广线北上赴京，他们奔走呼号，宣传尊师重教，倡议建立中国教师节，为 1985 年国家设立教师节作出了贡献。

1994 年 11 月，暨大成立了广州高校第一支青年志愿者服务队，在广州市建立了多个扶老、助幼、助残基地，每到周末，在这些服务基地都能见到志愿者们忙碌的身影。志愿者们还多次赴韶关、清远等地扶贫助学，积极参与国家"星火行动"计划，还远赴山西、陕西等地的贫困山区为"希望工程"奉献爱心。该志愿者服务队多次被广东团省委评为优秀青年志愿者服务队，2001 年又被团中央授予广东省高校中唯一的"全国百个优秀志愿者服务先进集体"光荣称号。暨南青年志愿者服务队的成员虽然一代代更替，但至今仍坚持开展活动。

20 世纪 90 年代始，暨大师生每年寒暑假，都以"社会实践"形式下厂下乡，服务社会。通过实践活动，进一步了解国情、民情、侨情。仅 2004 年，全校就组织了 38 支下乡队伍，有 600 多名学生奔赴省内外 57 个地区开展"送科技、送希望、送温暖"社会实践活动。十多年来，"社会实践"已发展成为多种多样的爱国为民服务活动，从广泛性的访问侨乡、捐赠赈灾、扶贫助学、科技下乡、送医送药，发展到驻村扶贫（如连续多年的佛冈县迳头镇大村村）、志愿服务西部计划（按国务院侨办部署，配合国家西部大开发战略，连年组织队伍，赴新疆、云南、广西开展医疗义诊活动，为新疆、重庆等地捐建暨大希望小学，为甘肃省积石山县培训党政干部和医护人员）、慈善助孤行动（2005 年捐助长春 100 名失学孤儿一年的学费和生活费，2006 年又赠送 5 万元捐款及学习用品）、共建文化社区（中文系党总支与广州市天河区天园街党工委开展"文化进社区"共建活动）等多种形式。2005 年，暨大主办第一届亚洲大学生田径锦标赛，取得圆满成功，在亚洲大学生运动史上写下了辉煌的一页，也提高了中国大学在国外的声誉。在大赛的筹办和进行过程中，500 多名青年志愿者和 2 300 多名学生演职人员，怀着为国争光的决心，积极做好各项服务、演出工作，展现了良好的精神风貌。

凡此种种事例，都可视为半个多世纪前暨南爱国民主光荣传统在新的历史条件下的薪火传承，是令我暨南同人引以为荣，足以自豪的。

四

暨南爱国精神及其行动表现，有别于其他院校之处的，我以为：一是爱国精神特别的浓烈、深沉、执着；二是行动方式非常有创意、有力度、有韧性；三是影响所及，往往先声夺人，引媒体关注，为社会瞩目。探讨其缘由，似可列出如下几项：

首先，当是侨校性质使然。孙中山先生称："华侨是革命之母。"广大华侨对祖国对乡土的无限热爱与眷恋（诸如向儿孙传输祖国语言、道德文化，使之不忘根背祖；终老追求，落叶归根；捐献家产，共纾国难；造桥修路，施善乡梓等），是至诚至深、难以言喻、万分动人的。许多华侨学生秉承先辈教诲，是满怀爱国热情回国到暨大读书的。于海外赤子、中华儿女而言，爱国实在是一种天性，一种本能。

其次，暨南大学一向重视以中华民族的优秀道德文化来培养造就人才。对来自海外的华侨学生，十分注重人文社会科学的教育，加强中华语言文化的阅读写作学习。这对增强民族向心力、凝聚力、激扬爱国精神，起到了潜移默化的作用。

再次，暨南大学一贯突出爱国教育。据校史记载，早在真如时期，就"在常课之外，特设'中国现代问题讲座'，为一年级和四年级学生必修课。每周两次，每次两小时"。除请校长及部分教授负责讲授之外，还聘请校外专家莅校作专题讲授。1983年以后的广州时期，学校专门为华侨、港澳学生开设"爱国主义教育"课程，也是一种继承。

最后，暨南大学在历史上曾敦聘许多爱国、进步教师任教。他们以自身的道德文章、高风亮节，言传身教，对暨南学子民族精神的陶冶、爱国觉悟的启迪，有着不可估量的作用。总之，历史的积淀已使"爱国为民"成为暨南人的长久情愫，成为暨南园的文化氛围。

回顾历史，若要提炼、概括、传承和弘扬暨南精神，我以为首要者，当在"爱国"二字。"忠、信、笃、敬"的校训，"忠"的最大含义当然是忠于祖国。江泽民同志为暨南大学九十周年校庆题词"爱国爱校团结奋进"，即有此意涵。胡锦涛同志提"八荣八耻"，亦把"以热爱祖国为荣"列为第一条。祖国尚未统一，国人任重道远。世间无有永久太平，仍应防御外敌入侵。无论从发扬办校特色、重振道德教育、促进统一大业、应对突然袭变等任一层面、角度来理解，爱国精神都有继续大力弘扬的必要。暨南爱国精神确实是"经过百年积淀而成的历史底蕴和品格特征"之核心，是"暨南充满活力、不断发展的活的灵魂"。

（本文原载于夏泉主编：《凝聚暨南精神》，广东人民出版社 2006 年版）

【作者简介】关汉夫，1934 年生于上海，祖籍广东南海。1949 年 8 月解放战争时期参加革命工作。1982 年 12 月从部队转业到暨南大学工作，其间曾任暨南大学党委副书记。2020 年 10 月 23 日，获中共中央、国务院、中央军委颁发的"中国人民志愿军抗美援朝出国作战 70 周年"纪念章。

纪念暨南大学重建和复办

黄卓才

2008 年，暨南大学复校 50 周年、复办 30 周年。这是百年校史上的两件大事，两次绝处逢生，意义非同寻常，值得好好纪念。

1958 年暨大复校，我考入中文系，成为首届学生；1978 年夏天，母校发出商调函，召我回中文系任教。这样，我就有幸亲历了这两次复兴。半个世纪过去了，回忆往事，我们会更加珍惜今天。

创业维艰

复校伊始，极为艰辛。20 世纪 50 年代初，上海暨大并入复旦大学等校。1958 年复校，地点却是广州，筹办者也完全是新的人马。所以除了继承一个校名，实际上等于新办。组建一个新家庭，柴米油盐，床铺被席，一切从零开始，已经是够头疼的了，何况办一个大学！当年国力尚未强盛、财物缺乏，其难度更可以想见。图书、设备不说，单说校园地皮就来之不易。从华侨补校接收过来 14 万平方米的校园实在太小，征地是必须的。但新征来的 40 多万平方米土地都是市郊农民的菜地。农民想不通，不时有摩擦。有一次竟聚集了一大群人，他们扛着锄头，举着扁担，在今经济学院大楼旁的大榕树下，气势汹汹，那棵大榕树上还挂着生产队往日开工敲打的铁钟。万事开头难，好在师生团结一致，不怕困难。好在有陶铸，有梁奇达，一个是广东省委书记（后又任中南局书记），一个是教育厅副厅长，都曾金戈铁马，驰骋疆场，指挥过千军万马。他们威信极高，足智多谋，办事果断灵活，给农民满意的安置和补偿，终于化解了矛盾。随即，大兴土木，明湖挖出来了，老六栋教师宿舍、明湖南岸小山上的教授别墅群、西南区学生宿舍群、黄宽诚教学楼、"蒙古包"食堂等陆续建起来了。校园扩展到60万平方米，由岗顶马路（现在的中山大道）直到黄埔公路（现在的黄埔大道），南北贯通，一个初具规模的暨南园在广州石牌高校区雄踞一方了！

如果说50年前的复校创业维艰，那么30年前的复办，则还有如凤凰涅槃般钻心的痛楚。"文革"内乱，暨大遭到浩劫，正当奄奄一息之时，林彪反革命集团又横砍一刀，把暨大校园交给从东北迁来的第一军医大学。暨大停办后，人员分别并入中山大学、广东师院（现华南师范大学）、外语学院（现广东外语外贸大学）和化工学院（现华南理工大学），仪器设备和图书资料也被瓜分。如果林彪集团和"四人帮"没有彻底覆灭，如果没有党中央、国务院迅速做出复办暨大的有力决定，如果没有叶剑英元帅、廖承志先生等关键人物的鼎力支持，暨大就不会有今天。

记得复办之初，许多校舍还被军医大占用着，分散在四校的老暨大们迟迟不能搬回来。我调回母校时，与从全国各地抽调来支援的教师一样，几乎无处栖身。当时学校的应急办法是：家属未随调的，暂住办公楼（现在的艺术学院），三四个人同住一间斗室，或在明湖北面的三层楼学生宿舍（后已拆除重建）住架床；有家属的，则两三家人同住现苏州苑教工宿舍楼一个套间。彼时，宿舍的楼梯、过道上堆满了行李家杂。有的老师只能在房间门前或房间内用煤炉烧菜煮饭。办公环境更差。中文系没有会议室，四五十位教师开会，只能挤在一间不足30平方米的简陋办公室里。凳子破破旧旧，也不够用，有的人只好站在走廊上侧耳旁听。这样寒酸的日子，熬了好几年！

教师敬业

复校之时，正值全国"大跃进"，高校都搞"教育革命"，重实践、轻理论，体力劳动占去了很多时间，正常教学秩序受到严重冲击。入学第一年，我们上课很少。第二年，大家都知道这样下去不行了，学校决定延长学制（本科四年制改为五年制），狠抓教学，提高教学质量。

办好大学，关键是师资。学校领导千方百计延聘良师来校任教。我们中文系最初的师资班子，全是从中山大学中文系和中大工农速成中学调过来的，多是中青年教师。不久，萧殷先生被请来了，当系主任。他是著名作家和文学批评家，也有办学经验。他尊崇学术，敬重教授，但不走学院派办学路线，而强调理论与实际结合。他从中山大学、华南师范大学请来几位老教授讲文艺理论、古代汉语、训诂学、文学批评史和逻辑学课程，又从各地聘来了一批既有学养又有创作实践经验的诗人、作家、名记者，如陈芦荻、曾敏之、杜桐、何芷、杨嘉、艾治平……使教师队伍得到充实，教学质量迅速提高。

学校方针明确了，教学是中心环节，教师的任务主要是教学，首先就要上好课。陶校长说："不管是新的老的，谁教得好，便是好老师，要名副其实。不管白猫还是黑猫，只要能吃老鼠便是好猫。"领导狠抓教学，老师们敬业精神十足，备课上课、课外辅导非常认真。我们中文系有几位老师课备得烂熟，课堂上讲得条分缕析、娓娓动听，很受学生欢迎。陈芦荻老师讲诗歌，富于激情，落笔就是一篇优美的散文随笔；彭俊老师讲《鸿门宴》，绘声绘色，把古战场上剑拔弩张的人物和场面栩栩如生地再现出来，学生无不折服。我的同窗李大洲（秦岭雪），佩服到五体投地，刻"彭俊门下走狗"印章自勉。那时，新教师上讲台，必须经过试教，并被"老教头"认可才行。我们中文系有几门课，从中山大学中文系请黄海章、楼栖、赵仲邑等老教授来上；每次必有该校助教随行听课，并为老教授提书包、斟茶倒水，毕恭毕敬。有榜样在，暨大的新教师们都很勤奋。领导对教学质量紧抓不放，经常深入教学第一线检查督促。有一位教师口吃，上一堂课要预先在家对镜练习几天，精神可嘉，但效率太低，被调走了。另有一位教师，人到中年，半路出家，缺乏教学经验，板书中写了3个错字被深入课堂听课的领导和同事发现，不久即被"炒鱿鱼"。"以老带新""领导听课""教师互相听课"的制度和传统，在复办后好长一段时间得到继承和延续，对保证教学质量确有作用。

学生苦学

复校不久，国家就陷入"三年困难时期"。学生肉食少，油水不足，营养不良，时间长了，就发生水肿、肝炎、肺病等时代流行病，严重的只好退学。但是，大多数人还是熬过来了，不但坚持不缺课，不迟到早退，而且照样早起锻炼身体，参加建校劳动，如挖明湖、附属磨碟沙农场（现广州会展中心地段）的生产劳动和支援性的社会生产劳动等。当时，上课时间除有个别"病号"会留在宿舍之外，宿舍里空无一人。说个笑话：有一次，我们房间被小偷光顾，大概是顺利得手吧，不久他又来。这一次，我们因故提前下课，把他逮个正着。他竟说："你们不是在上课吗？"

那时实验室、图书馆条件差，课室、宿舍就连一把电风扇也没有。天气闷热，或冬天严寒，不少同学还在挑灯夜读。我们的课堂笔记做得很认真。曾敏之老师让我们学习清人顾炎武写《日知录》，许多同学都天天写"生活笔记"。我记了3年，写满了6本厚厚的笔记簿，的确起到了很好的练笔作用。复办第一届（1978级）的学生，基本上是当过"知青"的。"文革"使他们失去了继续读书深造的机会，他们深切体会到能上大学是多么幸福！所以格外珍惜来之不易的机会。他们对于知识的追求，真是到了"如饥似渴"的程度。我讲写作课，许多同学都拼命记笔记，似乎想把老师讲的话都照录下来。也难怪，那时候"文革"刚过、百废待兴，想找一本写作参考书不易啊！但我告诉他们，写作课不需要死记硬背，听课重在理解、感悟，课堂笔记记下要点就行了，课余倒可以多做点联想笔记、心得笔记。这批学生已经很勤奋，够下苦功了，重要的是帮助他们改进学习方法，提高学习效率。

苦学出人才，复校、复办初期的学生，成才率较高，毕业后表现优异的相对较多。这一点，在暨大校史上成为突出的现象。以中文系为例，光是我能够数得出来的，就有著名作家（其中包括国家一级作家、华侨小说家）、诗人、书法家、油画家、戏剧舞台艺术家、影视编导、文学名编、诗词楹联专家、香港著名爱国记者、香港特首特别助理、新华社广西分社社长、华夏银行深圳分行行长，还有一人身兼广州花园酒店等几家大企业董事长的。张振金、秦岭雪、林克欢、钟晓毅、何慰慈、梁凤莲等，知名度都很高；汪国真的青春诗，曾风靡神州。当中文系主任、书记的，当大学教授的，为数不少。谢金雄当珠海市副市长和作协主席，张耀中任珠海市委常委，黄旭辉、贾益民当暨大副校长，方烈文当汕头市文化局长，刘宁任佛山市传媒集团老总等，都很出色。在县市下面基层工作的校友中，涌现了一大批中学高级教师，还有特级教师、校长、党政机关和企事业单位的笔杆子……许多人在专业或其他方面都有骄人表现（恕我孤陋寡闻、挂一漏万）。

多难兴邦，多难也可以兴校。暨南大学两次蒙难，两次复兴，每次复兴后又是更大飞跃。关键是暨南人坚忍不拔，自强不息，不断向更高的目标奋进！

（本文写作于 2008 年）

【作者简介】黄卓才，广东台山人。暨南大学 1958 级中文系，1963 年毕业。暨南大学中文系教授，国际关系学院/华侨华人研究院兼职研究员。广东省作家协会会员，广东省侨界作家联合会顾问。终生从教，从事写作学研究、华侨华人研究，业余进行文学创作。代表作长篇报告文学《鸿雁飞越加勒比——古巴华侨家书纪事》获第二届"中山杯"华侨华人文学奖。

广州暨大二次复校前后轶事

罗戈东

1978 年 4 月，我在广东工学院任副院长，正在广州招生，突然接到省委电话要我立即去开会，原来中央政府下达了文件准备复办暨南大学，并决定杨康华、梁奇达、罗戈东三人立即飞北京，接受任务。国务院侨务办公室向我们传达了中央的指示，要求我们立即行动，务必在当年 9 月招生开学。从 4 月到 9 月只有 6 个月时间，任务有四：收回被占用的全部校舍；除恢复原有的 7 个系外，增设新闻系、医学院和华侨医院；接回分散在各地的教职员工 800 人；新增华侨医院专业人员 300 人。面对如此艰难、复杂、紧急的任务，我们二话没说，立即飞回广州。

起初，原占用校园的单位只退给我们一座两层 400 平方米的房子，那原是暨大患肺结核病学生疗养的地方。我们还是立即搬了进去，办公、食、宿都挤在那里。

杨康华、梁奇达、王越、罗戈东、李天庆负责主持复校工作。我们商定，教务、科研、招生方面由王越、李天庆负责；收回全部校舍，开具名单接回教职工，进行校舍宿舍建设，恢复日常行政、总务、财务等管理工作，由罗戈东负责；杨康华、梁奇达两人负责全面协调。杨康华当时在省委尚有职务，实际负责的是梁奇达。

1957 年夏，我参加创建广州电影制片厂工作，到 1963 年已有 6 年，我本来决心以此为终生从事的事业，中央决定调我出国任文化参赞，后因国际形势变化暂缓赴京，转而奉命去暨大短期协助工作。1964 年春节我便留在暨大。我以前没有做过大学教育工作，就在我留下工作的两年，发生了"文革"，1966 年以后我在暨大家散人亡。那是我血泪满腔、伤心悲痛之地，尽管我内心十分不愿再回去工作，然而我从 1939 年参加抗日战争时起就以身许国，"我以我血荐轩辕"，从来不求名利，坚决服从上级的命令，为此我全力以赴。

在此我只着重个人负责那部分工作的情况，涉及全校和教务、招生方面则不详述。

当 800 名职工陆续回校后，我们商定召开全校教职员工大会，严正宣布将 1966 年以来曾遭受到迫害而强加于他们的污蔑不实之词彻底推翻。当时对暨大有贡献而受到迫害者近 200 人，他们恢复名誉后，奔走相告，全校教职员工欢欣鼓舞。正是一石激起千层浪，瞬时掀起了"暨大热潮"，要求回来和要求来工作的信件像雪片般飞来暨大。

当时我每天工作超过 10 个小时，这对于一个曾遭受多年身心摧残、患有心脏病且已 60 多岁的人是超负荷的！记得有一天，我在办公室写完关于要求占用单位全部退还校舍的报告，再写完一封热情来暨大工作者的回信（我的习惯是对来访者或者给本人收的信，我定和他们见面或亲笔写信）已是深夜 11 点多钟。我离开办公室后，突然下起暴雨，周围一片漆黑，不见一人，我无处可躲。此时胸口隐隐发痛，如果我在中途倒下必死无疑，我坚持挨到住处，刚到门口就倒下了。那时心绞痛加剧，冷汗淋漓神智逐渐不清，不知谁把我送去了医院。直到第二天早上我竟然苏醒了，后来亲人转送我去中山二院，治疗了两三周，捡回了一条命，即回校工作。

为了抢时间，我与华南工学院建筑工程研究所联系，请求他们提供现成的宿舍图纸，稍作修收，立即施工（新设计图纸起码要一两个月才能出炉）。

当时负责建宿舍的是基建科长杨泽泉。那六幢四层的宿舍被称为教授楼。杨泽泉因劳累过度患病去世，他和许多为暨大操劳过度而病逝的职工们都应载入暨大史册永久纪念。

广州华侨医院的建筑总体规划是华工香港校友会主席蔡建中先生出资，从德国聘请原华工建筑专家夏昌世教授回来设计的，门诊部的施工图纸也是教授以最快速度提供的。后来建的诊疗和住院部的示意图也是他提供的，可以分期施工然后把三者联系在一起，门诊部建成后在大门下方填了一块云石，上面只写了施工单位的名，没有刻上投资设计的蔡先生和设计师夏教授的名字，我发现此事时已无能为力。如果蔡先生和夏教授有机会看到这篇小文，我再次向他们道歉并致以诚挚的谢意。

此外，还有基建处的陈广榕同志，他在该处资金暂时短缺时将他父亲的养老钱垫付，这种奉献应当予以特别赞扬。

占用单位未退还办公大楼，我们在大楼下侧建一简易平房，校办公室、各科室都挤在里面，严寒盛暑，大家都置之不顾。收回校舍是一件十分困难的事，既要和该单位友好相处，又要坚持按时全部收回的原则。我和该单位的负责人三年往还，没发生过一次争吵，要求他们先退回课室和宿舍，然后限期全部退还。

总务部门职工工作十分繁重，光是清除宿舍区垃圾就达小数吨。用角铁和铁网制作的学校招牌，镶上叶剑英元帅亲笔写的金光闪闪的四个大字：暨南大学。工人们夜以继日赶工设计制作，是一个重达数吨的招牌。当时工人们为了节约，安装时没用起重机械设备。区奇这位50多岁的老工人用三条粗大长杉木搭成三脚架，用滑轮把它吊上去，他在下面指挥，校门左右两条枣红色的砖柱上，站着几个工人，将招牌扶正安放在柱上并加固。那时正在下雨，他们浑身湿透，我站在雨中提心吊胆，一再说："小心！小心！"区奇面不改色地说："唔怕！无事！"

大年初二，家家都忙于拜年。某教师给我电话说，他家的厕所塞了。刚从工人提升的科长翟锦桃接过我的电话说："大家都在拜年，我自己来吧！"他去检查发现厕所内有许多硬物，用泵打不通，他只好用手连同粪便一把一把掏出来。

区奇和翟锦桃两位，都因病早逝，我十分悲痛，他们的智慧和忘我的品德，我永远不会忘怀。

园林科长吕恩兴也是从工人提拔上来的，校园里绿树成荫，芳草如茵，绝大部分都是他和工人一起栽的。他经常扛着锄头和斩刀巡视全校，有时爬上树砍掉多余的树枝，几十年如一日。烈日当空在树荫下走动谁都感到适意，但有多少人知道他的辛劳？

何旺兴本是个女炊事员，德才均好，我便向人事处推荐，后来她升任管理员、副科长、科长、招待所所长，教工和学生饭堂都办得很好，饭热菜香，深得师生好评。

我亲眼见到行政、总务部门的职工们日夜辛劳，我很感动，如果没有他们配合教务、科研、招生工作，暨大就不可能在半年内完成如此艰巨的任务。当然教师们也很辛劳，才能有复办后合格的历届毕业生。

令人欣慰的是，华侨、港、澳、台和内地（大陆）学生对教师和学校负责人都很尊重和关心，师生间情意深重，使我永不忘怀。

有一次在韶关到广州的火车厢里，有几位青年一齐拥到我身旁："罗校长，您好！我们是暨大的学生。"他们急急询问我过去的遭遇和健康状况以及将来的去向……我只说我目前在广东工学院工作，就哽咽不能成语。告别时他们一再说："校长，珍重！"

我住在广东工学院集体宿舍时，有一批暨大学生来探望我，他们看见我家三代挤在一个潮湿漏水且与厕所为邻的房间里，一位戴眼镜的学生握着我的手，满眶热泪地问："您怎么会住在……"哽咽不能成声，其他同学眼眶都红了，当时和以后，我每一念及此就泪湿衣衫。

（本文原载于暨南大学南加州校友会会刊 1998 年第 5 期）

【作者简介】罗戈东（1918—2004），广东南海人。1943 年加入中国共产党。曾任广东人民出版社社长，广东省文化局局长，珠江电影制片厂副厂长、代党委书记。罗戈东于 1963 年调入暨南大学，任党委副书记兼政治部主任。1978 年重回暨大，任副校长、党委副书记。

写给江门校友会同学的一封信

——谈暨大校风

梁奇达

时广、平川、梁娇诸同学：

承嘱为江门校友会写了两句话：

> 同窗友谊联四海
>
> 暨南校风赖相传

前句易理解，暨大校友遍及亚、欧、非、大洋、美五大洲，37 个国家①。其中，香港校友会较为活跃，常与深圳、泰国、海南、广州等地校友会互访和联欢，情意交融甚欢。

后句谈到校风（或精神），因校史悠久，随时代而丰富和发展，尚无人为之界定。但纵观校史，中华人民共和国成立前暨大已颇具威名，名教授有郑振铎、周岑城、周建人、许德珩、夏衍、严济慈等。鲁迅多次到校讲演，恽代英

---

① 编者注：截至 2022 年，暨大校友遍及 170 多个国家和地区，被誉为"有海水的地方，就有暨南人"，并成立了 138 个校友组织。

亲身到校指导，爱国运动人才辈出，吴学谦副总理、天津市委原书记陈伟达、食品专家张驷详、学部委员谭其骧均出自暨大。有的已成为东南亚侨领。

首先，暨大虽然命运多舛，从南京到上海，到福建，又回上海，最后定校广州，五易校址，更遭多次停办、合并、解散的打击和摧残。但在社会贤达诸如蔡元培和党政要人如廖承志、方方、陶铸、罗瑞卿及侨领的关怀下，在历届主持校政的领导下，暨大以振兴中华文化、发展华侨教育、培育华侨精英为己任，以坚毅不屈、艰苦奋斗的精神和作风，先后在抗日战火中易校址到福建建阳的简陋祠堂里；抗战胜利后在上海的战火废城上先后复课；中华人民共和国成立后并校取消暨大，1958年在广州一片荒地上又重建起来。1970年"四人帮"一伙将暨南肢解，到1978年又奉命复校，且是当年受命，当年授课。老树逢春花绽开，暨大现有文学、理工、经济、医学、成人5个学院、19个系、25个专业，研究生院正在筹组中，在校学生达一万余人，学制上不仅有学士，还有硕士、博士学位。教师队伍也不逊色：顾问有华罗庚、钟惠澜，名誉教授有诺贝尔奖获得者李政道、著名学者陈省身等，博士生导师有朱杰勤、李辰、郁知非、黄清鸿，学部委员病理学家杨简，卫生一级教授罗潜、公道、朱师晦，以及各专业专家如文学家萧殷、秦牧、何家槐等。20世纪60年代和80年代的毕业生在文教科研单位的有的被评为副教授、副研究员，中学的教学骨干，传媒界的高级编辑或主任记者，各党政单位有省一级各部委及市县级的主要负责人，在海外的有的已成为青年企业家……由原暨大某些专业为基础建立起来的学院有广州外贸学院、湛江水产学院等。经过几代人的耕耘，暨大现在显得枝繁花艳更多姿了。

其次，赤子爱国爱民一片心。在上海和福建建阳，适国难当头，教工、学生积极参与爱国救亡运动。在福建时，共产党组织有较大发展，先进分子队伍增大，不少学生投笔从戎。1958年暨大在广州重建后，许多东南亚国家华侨青年，受到祖国的鼓舞，纷纷回国深造，献身祖国建设。除了自筹五六年生活费，减轻国家负担外，不少青年还带着铁锄回国，准备参加艰苦的劳动。有的甚至背着父兄只身偷偷回国。在校学习期间，每逢为灾区捐献物资和现金时，侨生捐献最多。

最后，师生关系融洽。困难期间，师生并肩参加战斗。学生有思想问题时，教师和政治工作人员对学生不是训斥，更多是开导，请学生到家里或办公室促膝谈心、平等对话，在 20 世纪 50 年代末 60 年代初更推行校系领导和教师定期到学生食堂同就餐，与学生拉家常。在"每逢佳节倍思亲"时，常请侨生到领导、教师家里共度佳节。在建校及其他劳动时领导与师生同劳动，遇到学术难题同探讨。

综观上面的粗浅叙述可以用四句话来概括：献身华侨教育为己任，坚毅不屈艰苦奋斗是作风；爱国爱民一片赤子心，师生上下水乳相交融。这样叙述校风当然是欠准确和周全的。什么是校风？如何概括，尚待师生们去探讨。但不论怎样，如能把上述四点精神，应用到校友们各自的岗位上去，我想还是有益的。未加思考，一笔成于病中，不当之处，请谅并盼斧正。

致敬礼

（本文写作于 1989 年）

【作者简介】梁奇达（1916—2002），广东开平人。曾任珠江地委宣传部副部长、部长。1957 年任广东省高教局党组书记兼第一副局长。1958 年任广东省教育厅党组书记、第一副厅长。1958 年 8 月，任暨南大学党委代书记、书记兼副校长。1978 年暨南大学复办，任副书记、副校长。后改任书记兼副校长。1989 年离休。曾为广东省政协委员、广东省人大代表、广东省党代会代表。

从尊师节到教师节

陈锐军

　　每年 9 月 10 日的教师节到现在已经过了 32 次了，每当这个日子，全国千百万的教师们都会收到来自各方的节日祝福：受到上级的表彰，收到亲朋的祝贺，接受学生的感谢……而我既欣慰又自豪，因为我也曾经在倡议设立教师节的过程中，扮演了一个小小的角色。

　　1983 年 12 月，暨大举行了首届大学生演讲比赛，国际金融系 1981 级的学生朱川以一则题为"民族中兴一条路——谈尊师节"的演讲荣获一等奖，在演讲中他明确呼吁为了民族的中兴，应该设立"尊师节"。20 世纪 80 年代的大学生有一个显著特点，就是家国情怀，以天下为己任，还记得那句口号吗？"振兴中华，从我做起，从现在做起！"朱川演讲获了奖，但他并不只是说说而已，他要见诸行动。

　　他首先获得了医学院 1982 级学生、校学生会副主席卜群的支持，随后校学生会主席任京生也表示声援，这样，大家就聚在一起成立了一个新的学生社团——尊师节促进会。这个促进会基本上以暨大通讯社的人马为班底，卜群是社长，朱川任副社长，我是通讯社宣传组的副组长，又是中文系的，理所当然地，我就成了尊师节促进会的笔杆子，负责起草倡议书等文案。

尊师节促进会的第一次公开亮相，是 1984 年 5 月 20 日。这一天，我们在暨大图书馆举行了一次大型的尊师活动，邀请了 50 多位校内外教师，包括中小学优秀教师，给他们敬上一杯桃李酒，戴上一朵大红花，向他们致以崇高的敬意。老师们头一次被这样隆重地对待，心情都很激动。这次活动非常成功，包括《羊城晚报》在内的多家新闻媒体都作了报道。

不过，这一天恰好我们写作课组织去肇庆，结果就没参加促进会的活动，错失了一次见证历史的机会。

促进会还组织过一些小型的活动，比如去老师家里做好事：搬蜂窝煤、打扫卫生等。那一年，恰好著名艺术家赵丹的夫人黄宗英来暨大拍纪录片《晚霞和朝霞的对话》，她自比"晚霞"，"朝霞"当然就是我们这些年轻人了，于是她也跟拍了我们许多镜头。记得有一次，我们去一位老师家集体包饺子，黄宗英老师也和我们一起包，边包边聊天，她的儿子赵劲在一旁指挥录像师拍摄。黄宗英抛出了一个问题："你们觉得现在的年轻人最缺的是什么？"当时我想都没想，冲口就答："缺热情！"

"哦？哪方面的热情？"

"对国家、对社会的热情！"

大家一下子就争论起来了，气氛很是热烈。赵劲在一旁很兴奋地拍摄着，他是黄宗英和赵丹的孩子，比我们大不了几岁，长得十分帅气精神，颇有乃父之风，可惜前几年英年早逝了。《晚霞和朝霞的对话》曾经在广东电视台播过，有朋友说见到我的镜头。可我后来多方寻找这部片子想看看自己当年的"光辉形象"，都无法如愿。

应该说，促进会为了宣传尊师节，还是做了不少实事的。比如，我们通过各种渠道向全国 200 多所高校和社会知名人士发出了由我设计的数千份"在我国设立尊师节调查表"征求意见，主要内容有："您认为在我国设立尊师节有哪些意义?""您认为在我国的尊师节最好定在哪一天? 为什么?""尊师节活动应该怎样开展才能避免形式主义?"甚至还有"您存在什么困难?"回收的调查表绝大多数都写的是"强烈赞成",有的还热心地写了设立尊师节的方法和步骤。当年有位人气很旺的"青年导师"李燕杰,他回填的调查表中关于尊师节的意义是这么写的:"四化需要科技,科技需要教育,教育需要教师"。

当然,促进会影响最大的活动,就是1984年暑假组织了几批学生分路宣传尊师节,其中主力线路是五位同学骑车赴京。这五位同学主要来自医学院和化学系,他们沿京广线北上,骑着由河南安阳自行车二厂赞助的"雉鸡"牌单车,揣着学校给的600元,背着几百份由我起草、自己动手刻蜡版油印的倡议书,一路风尘仆仆,沿途宣传尊师节。还没出湖南,他们就接连病倒了,连续拉肚子,学医的人也自顾不暇,所幸路上遇到不少好心人相助,他们才得以安全抵北京。相比这些困难,所经之处人们对尊师节的热情支持才是对他们最大的鼓励。有的地方,人们甚至像当年欢迎解放军入城般夹道欢迎他们。在长沙,市政府专门派人协助他们组织召开长沙市十多位特级教师参加的座谈会;湖南电视台播出他们的新闻后,一下子收到上百封支持尊师节的信。在郑州,正碰上召开全市普通教育改革工作会议,主持人把他们引到前排就座,请他们介绍情况,结果引起强烈反响。就在这次会上,郑州市教育局作出了每年9月设定一天为该市"尊师日"的决定。

与此同时,还有部分同学是利用返乡或旅行的机会在火车上进行宣传的,我就是其中的一个。那一年暑假,我回我从小生长的成都,路上要倒三次车:先乘京广线到武汉,然后转车去重庆,再转车到成都。7月14日,在武汉至重庆的118次列车上,我找到列车长,请求他配合宣传尊师节,他挺爽快地安排播音员播出了。7月15日,我坐的是贵阳至成都的302次列车,我又找到列车长如法炮制,起初他反应冷淡,于是我不得不向他大力宣传尊师的意义,并说自己是校通讯社的记者，利用假期出来宣传。"你是记者?"他眼睛忽然一亮。拉着我滔滔不绝地讲起了他们车组的不少好人好事，我耐心倾听。最后，我又回到原题请求他协助我宣传尊师节。这回他一口答应，让我直接找播音员。

那位女播音员声音很好却文化水平低。倡议书交给她，里面有些字她不认识，死活不敢念。我说让我来吧，她又说有纪律。好说歹说，总算答应了，不料刚听她念了两句，就见她"砰"的一声拉开门，慌慌张张地冲出来，嘴里嚷着："不行不行，我念不了!"弄得我哭笑不得，只好软硬兼施，一面说她刚才念得很好，只是有点小紧张；一面又说是列车长安排的，这才把她哄回播音室。结果，全车人就从喇叭里欣赏了一篇磕磕巴巴、语无伦次的演讲。但别说，一广播还真有效果。我一回到座位，对面的一对中年夫妻正在讨论此事，原来他们恰巧就是一个厂矿子弟中学的教师，他们很欣赏我们年轻人的勇气，但也兜头泼了一盆凉水，他们认为只有迅速提高教师的经济待遇才能从根本上提高其社会地位，不然，什么都是假的。

8月中旬，尊师节促进会的几路队伍都在北京会合了，卜群、朱川等人马不停蹄，立即分头拜访团中央、全国学联、北京市教育局等单位，希望得到他们的支持。不料，这些单位的领导认为他们闹着玩。这令卜群、朱川很是郁闷，无奈之下，他们找到了李燕杰，这位"青年导师"指点他们去找原延安保育院院长、电影《啊! 摇》的原型伍真。这位老太太是个热心肠，一听他们的来意，猛拍大腿："很好! 很好! 我搞了这么多年教育，怎么就没想到搞个尊师节，给老师们立个碑?"她又说："我虽然离休了，但这事我愿和你们一起干! 这房子是当年周总理批给我的，你们将来要来北京办事，这就是你们的联络站!"真有点阿庆嫂的爽快劲儿!

68岁的伍真老师亲自带着卜群、朱川去找全国教育工会和北京市教育工会，筹划由北京市教育工会牵头召开一场有特级教师、劳模和社会知名人士参加的座谈会，然后通过媒体广泛宣传出去，以扩大尊师节的影响。北京市教育工会也很热心张罗时间、地点、名单，事情很快就落实了。卜群、朱川他们按着名单，拿着张北京交通图，挨个上门去通知。他们折腾了好几天才把人都通知齐了，就在离原定开会时间还有两天的深夜12点半，当他们拖着疲惫的步伐回到北京师范大学招待所，已经等了他们三个小时的北京市教育工会的负责人迎上来，告诉他们：由于突然发生了一些"变故"，原定的座谈会不得不取消了！

真如晴天霹雳，他们完全蒙了，不明白是什么原因让他们这些日子以来的所有付出瞬间化为乌有。后来他们回到广州，才断断续续地听说，原来，团中央有人质疑他们的动机和目的，打电话到广东省团委和暨大，要求调查他们的背景，并称他们在北京提出了一些"不合理"的要求，要对他们"加强教育"。于是，"卜群、朱川在北京闯祸了"的消息在暨大不胫而走，卜群承受的压力可想而知。

不过，青山遮不住，毕竟东流去。彼时的神州大地，已经不仅仅是我们暨大的学生在为教师摇旗呐喊，社会各界都在呼吁尊师重教。1984年12月10日，《光明日报》头版报道了暨大学生的尊师活动，并摘登了我们的倡议书。《光明日报》可是权威媒体，得到了它的肯定对我们尊师节促进会的全体同学来说算是打了一剂强心针。卜群、朱川非常兴奋，马上找到我，让我趁热打铁再以促进会的名义写一封致全国教师的新年慰问信。于是我衔命疾书，写了一封致全国1 300万人民教师的新年贺词，信中再次呼吁设立尊师节。

1984年12月29日，《光明日报》头版头条全文刊出此信。仅过了不到一个月，1985年1月21日，第六届全国人大常委会第九次会议上通过了把每年9月10日定为教师节的议案。从此，中国的万千为人师者终于有了自己的节日。

（本文原载于《暨忆：中文八二》，2006年内部印刷）

【作者简介】陈锐军，暨南大学1982级中文系。资深媒体出版人，摄影家，策展人。现任广东开放大学教授，中国作家协会会员。曾先后担任广东人民出版社副社长、广东新世纪出版社社长、《家庭》杂志总编辑。

暨南人的上海牵挂：
真如、康定路旧址保护传来佳音

汪义生

日历翻开了新的一页。2021 年，暨南大学迎来 115 周年华诞，这是全球暨南人、海内外 138 家暨大校友会的喜庆日子。

报春的信使

疫情的警报尚未解除，元宵节还没过，带着校领导和海内外校友的嘱托，暨大外联处梁燕处长、刘毓洁、李丹平一行便从温暖的春城广州来到春寒料峭的申城，了解真如与康定路两处母校旧址现状。暨大上海校友会阮永平会长、邱克会长、徐忠秘书长和我陪同走访。

首站来到前不久摘得康定路 528 号地块开发权的览海建设发展有限公司总部。公司副总裁吕自强、总经理助理吴锴、投资部副总经理蔡陈钰热情相迎，吕总说："康定路地块上有一座白色三层楼的洋房，是重点文物，我们一定会保护好的。"他坦言道："对这座小白楼的历史和价值，我们了解还不深，听说这是当年暨南大学文学院旧址。"

梁燕向览海建设发展有限公司领导讲述了康定路 528 号的故事。这里是著名进步作家、当年暨大文学院院长郑振铎先生笔下"最后一课"的发生地，它记载着百年暨大历史上最悲壮、最神圣的一幕。暨大师生在日军兵临城下的"孤岛"英勇地坚守了四年，一边坚持学习，一边积极投身于抗日救亡宣传活动。1941年太平洋战争爆发，"孤岛"沦陷，暨大迁到福建建阳，创建东南联大。在抗战的烽火岁月，暨大是上海20多所大学中唯一整体成功内迁的学校。

吕总表示公司近期正在制订小白楼加固修复及后续利用的草案，会全力以赴，努力将康定路528号地块打造成上海文化新地标。而后，双方驱车去康定路暨大旧址实地考察。

次日，奔赴普陀区真如城市副中心开发公司，与公司副总经理邵新杰、陈工程师及区文旅局、规划局领导座谈交流。梁燕曾多次到过普陀区真如城市副中心开发管理部门。得知邵总新近上任，梁燕简要介绍了当年暨大在真如办学的情况。

1906年清政府在南京创立暨南学堂，1923年学校迁往上海真如。1927年，这所以中学为主的中等学校经扩充，正式更名为"国立暨南大学"。十年磨一剑，成为上海声誉鹊起的一流高校，桃李满天下。暨大校方锐意进取，大胆改革，学校名师云集，中西文化荟萃，人文鼎盛。校园学术气氛浓厚，各种流派活跃，开设众多学术讲座传播进步思想，学生中文体英才辈出。来自世界各地的华侨子弟在此学习科技新知，接受中国传统文化的滋养，他们学成之后努力在海外传播中华文化。忠信笃敬的校训，涵养出暨南人庄敬自强、励精图治、志存高远的精神和气质。

在真如的10年，是暨大校园文化养成的关键时期。1937年8月13日第二次淞沪抗战爆发，当天，日军的大炮对准暨大狂轰滥炸，美丽的校园毁于一旦。学校并非军事要地，是日军误炸的吗？非也！人才乃兴邦之本，侵略者就是为了摧毁中国的大学，遏制中国的人才培养，好让中国人沦为日本帝国的奴隶。校方带领师生迁入租界，继续坚持办学。

邵总表示："暨大旧址地块在近期将公开、透明向社会招拍，一是欢迎暨大校友参与竞拍，二是欢迎暨大与中标单位共同探讨暨大旧址的修复方案，参与后续的具体开发利用。"

来沪考察交流工作圆满结束——两家相关单位领导都庄重承诺："请你们放心，暨大旧址地块的开发即将启动，动工时绝不会出现拆除、毁坏学校旧址的情况。开发商一定会珍惜暨大旧址的文化价值，与上海文物管理部门专家一道周密制订方案，倾听暨大方面意见，把暨大旧址加固、修复，保护好，利用好，使之活化。"

十多年的辛苦奔波，终于有了结果，看到了曙光，海内外暨南人一颗悬着的心可以放下了！在我的眼里，梁燕处长及一行同事像是报春的信使，在母校115周年华诞之际，给全球暨南人带来了喜讯。

屡仆屡起的 "华侨最高学府"

每次听到贝多芬的《命运交响曲》，我就会情不自禁地想到母校暨南大学。暨大的历史，她的前世今生，就如同一首荡气回肠的命运交响曲，催人泪下，激人奋起，令人五味杂陈，百感交集。跌宕起伏、大悲大喜的旋律中，交织着悲怆、激昂、沉郁、坚定、果敢、活泼、欢欣、自信……其中的主旋律，彰显了一种永不言败、越挫越勇的伟大的爱国主义情怀。

我常常想：在人类教育史上，或许没有一所学府像暨大那样遭受过如此多的磨难，没有一所学府像暨大那样坚韧不拔，一次次跌倒，又一次次奋起，百折不挠。

1906年，清政府在南京创立暨南学堂，这所学堂生于风雨飘摇的乱世。1923年学校从南京迁往上海真如，1927年更名为"国立暨南大学"。民国初百废待兴，暨大在一片贫瘠的土地上倔强地成长，在艰难中缔造了辉煌。

10 年后的 1937 年，八一三淞沪抗战爆发，日军的炮火几乎将校园夷为平地。时任校长的何炳松处变不惊，带着师生迁至法租界继续坚持办学。在何校长的支持下，暨大学生抗日情绪高涨，惧日的租界当局一再驱赶，暨大寄人篱下，只能东搬西迁，颠沛流离，苦苦支撑。次年，何校长好不容易在公共租界康脑脱路（今康定路 528 号）觅得新址，全校迁入。

1941 年，太平洋战争爆发，租界沦陷，决不与日军合作的暨大历尽艰辛，整体搬迁至福建建阳，成为烽火岁月中国东南联合大学的主体。抗战胜利后，暨大回迁上海，20 世纪 50 年代初又因院校调整而被撤销。1958 年在广州重建。然而好景不长，重建几年又遭"文革"而停办。在改革开放的春风中，暨大再度复办，从此，如同一只涅槃的凤凰一飞冲天。

当年暨大在上海办学期间留存的几处旧址，是这所饱经磨难的百年老校世间硕果仅存的物质遗迹，弥足珍贵。海内外暨南人谆谆叮嘱："你们上海校友会一定要看好啊，千万别让拆了。"暨大校友总会马有恒会长一直非常关心暨大上海旧址的保护、修复。十多年来，上海校友曾陪同刘人怀、胡军、贾益民、林如鹏、宋献中等历任校领导视察暨大旧址，与上海市有关领导商谈旧址保护事宜；陪同校外联处同志一次又一次走访上海市、区有关职能部门，讲述暨大的历史。闻者无不为之动容："暨南大学几起几落，真是太不容易了！"

有一次，上海校友会老学长沈涌朗诵他创作的一首诗，歌赞年轻的暨南学子发扬暨大传统，在一次世界运动会上勇夺第一。老学长朗诵时眼眶红了，声音几度哽咽。旁边一位服务员不解：年轻校友在运动会上夺冠，老先生为何会如此动情？我想，如果她了解暨大饱经沧桑的辛酸史，就不难理解老学长为什么如此动情。百年暨大一次次死而复生，一路艰难跋涉，终于熬到今天，迎来如此的辉煌，谈何容易啊?！抚今追昔，老学长们对母校的每一点进步和成绩，都感到由衷的骄傲。

我曾无数次陪同海内外暨南人和他们的子孙到过上海的暨大旧址，我熟悉这里的每一个角落，每一扇门窗，每一条走廊和楼梯。暨大走过的路是如此的曲折艰辛，留下的精神是如此丰厚。站在母校的旧址前，那些久远的记忆，常常像电影蒙太奇般在我脑海中一幕幕回放。

校运、侨运与国运

暨大走过的漫漫长路，暨大的坎坷命运，使我想起海外华侨。暨大侨生的背后站着海外千千万万华侨，百年暨大的命运，折射出了华侨的命运。一代又一代海外侨胞秉承中华民族优良传统，不忘祖国，不忘身上流淌着的中华民族血液。侨胞对祖国一向怀着血浓于水的深厚情谊，素有为国分忧、为同胞解难、热心公益、造福桑梓的优良传统。

过去，由于国家积贫积弱，无力保护华侨权益。华侨漂泊到居住国后，曾饱受歧视、排斥，在屈辱和痛苦中挣扎，内心有深深的"海外孤儿"之感。广大华侨心中无不希望祖国富强，使他们能有靠山，得以扬眉吐气。因此，在推翻封建王朝的辛亥革命中，在民族和人民解放事业中，广大侨胞为拯救祖（籍）国的危亡，出钱出力，竭尽其赤子之心，甚至不惜为国捐躯。他们爱国爱乡的热忱与感人事迹，史不尽言。

我在暨大读书时潜心攻读华侨史。我深感，百年侨校的命运，折射出了华侨的命运。读着血泪斑斑的华侨苦难史，我会情不自禁想到老校友回忆文章中痛心疾首的描述，我看到：日军的炮火将美丽的真如校园炸成一片焦土，师生们悲愤满腔，脸上流淌着酸楚的泪，在废墟中拼命地扒着，寻觅残存的图书资料和实验器材。

史书上记载着，19世纪末，列强纷纷制定《排华法案》，政府腐败，山河破碎，民不聊生，弱国无外交，海外华侨寄人篱下，遭到任意驱赶、欺凌、屠杀。我读着读着，就会联想到，1937年在中国的土地上有国中之国的租界，外国巡捕作威作福，粗暴地驱赶暨大爱国师生，何炳松校长不得已带着师生东搬西迁。

中华民族是不畏强暴的民族，中华尊严不可辱，中国人民不可欺！当民族面临生死存亡的危急关头，海外侨胞同仇敌忾，与全国人民一道，前仆后继，共赴国难，把守土保种的神圣职责自觉地担在自己肩上。诚如屈原在《离骚》中所言："亦余心之所善兮，虽九死其犹未悔。"

我在新加坡参观"南侨机工"纪念碑、在菲律宾瞻仰马尼拉华侨义山抗日英烈墓时，不禁会想到暨大在上海办学期间，民族危难日益深重，师生们积极投身救亡宣传，教市民高唱抗日歌曲，组织起"暨大学生救亡团"，坚定国人抗战必胜的信念。暨大师生跋山涉水历尽艰辛来到福建建阳后，坚持在简陋的土坯屋里上课、开展科研。师生们都抱定这样一种信念：教育不亡，民族就不会亡！我采访过上海校友会的华侨抗战老兵，听他们讲述过当年投笔从戎奔赴战场杀敌的感人事迹。

暨南大学是中国第一所由政府创办的华侨学府，"暨南"二字出自《尚书·禹贡》："东渐于海，西被于流沙，朔南暨，声教讫于四海。"意即面向南洋，将中华文化远播到五洲四海。在积贫积弱的旧中国，"声教讫于四海"只能是一种幻想。星移斗转，时移世易，今日中国，昂首挺胸巍然屹立在世界东方，海外侨胞扬眉吐气，再也不是无依无靠的"海外孤儿"。

回眸历史，深感国运衰，则校运、侨运衰；国运昌，则校运、侨运昌。百年暨大从未有过今天这样的升平气象，正在发生日新月异的巨变，海内外暨南人从未像今天这样意气风发。然而，那些与我们血肉相连的历史根脉不能被遗忘。

上海暨南人欣喜地迎接一批又一批海内外年轻的暨大学子，前来母校旧址寻根，传承忠信笃敬的校训，努力把根留住。驰笔至此，耳畔又响起贝多芬《命运交响曲》的熟悉旋律，在我脑海仿佛看见一棵高大的英雄树，巍然屹立在南国大地上，苍劲的树干上伤痕累累，根深深扎入地底，茁壮的树枝直插云天，上面开满火红的花朵。这正是今日暨大的形象，高傲、伟岸、生机勃发，历久而弥新。

（本文写作于 2021 年）

【作者简介】汪义生，1951 年生于上海，文学博士，中国作家协会会员。作品有《亦舒传》《锡矿大王姚德胜》等 20 多部。现为暨南大学上海校友会副会长。

暨南人是校训"忠信笃敬"的载体和履践者[①]

张东明

　　守正负责，崇尚诚信，踏实笃行，敬人敬事。校训"忠信笃敬"是母校给予我们的宝贵的精神财富和立身根基，也是大家立足社会的一张名片。每一位暨大人都是校训"忠信笃敬"的载体和履践者。

　　很荣幸能够获得母校邀请，回到暨大参加这个隆重的毕业典礼。今天是暨大新一代人才走向社会的大喜日子，值得热烈祝贺！我在这里向各位同学献上诚挚的祝福，恭喜你们学有所成，恭喜你们进入人生新阶段！

　　此时此刻，我眼前仿佛看见 36 年前自己刚刚走进暨大校园的情形，重现在这里感受师恩、承受教诲、砥砺学习的许多珍贵镜头，以及在这里度过的难忘的十年光阴。正可谓日月如梭，转眼间我今年就 60 了。回望走过的岁月，我一辈子主要在做的一件事，就是从事新闻工作，而这件事又是以在暨大学习工作为分水岭和起点的。我是在工厂工作了 8 年后，经过艰苦努力于 1980 年考取暨大中文系的，这对我的知识体系和研究能力的形成起到重要作用。1984 年中文系毕业后经考试就读于新闻学系国际新闻双学位班，1986 年毕业后在新闻学系任教工作，直至 1990 年奉调到广东省委宣传部新闻出版处工作，这一段的经历

――――――――――

　　① 本文为张东明校友在暨南大学 2016 届本科毕业生典礼上的发言。

则为我今后从事新闻工作作了充分的理论准备，最后成为我到南方报业传媒集团从事一线的新闻生产、管理工作的原动力。30 多年来，我学新闻、教新闻、管新闻以及在一线做新闻，把与新闻有关的角色全都体验了一遍。可以说，正是在母校的所学、所悟、所得，才奠定了我的事业有所发展有所进步的厚实根基，也正是与母校有缘，才让我有幸成就这段独特的经历。

在这里，除了自己珍惜读书机会努力学习外，最重要的一方面是老师的悉心教诲。尽管许多往事随着时光的消逝而远去，但一些对我而言堪称经典的细节与场景，却是我毕生难忘的，经常在我脑海中呈现。如文学理论与评论大师饶芃子老师论证恩格斯关于典型的经典论断"真实再现典型环境中的典型人物"时的深入阐述和旁征博引，深刻地影响了我对典型人物的认识，以至于对我以后新闻工作"品质传播"理念的形成，及在这些理念指导下从事新闻报道特别是人物报道产生重大作用；古音韵学家、指导我写毕业论文《论"者"字结构和"所"字结构》的赖江基老师，除指导我学习语法和前沿理论外，从大学三年级开始要求我将《史记》和《汉书》相同部分共 26 册全部通读，并将其中所有的包含"者"字和"所"字的例句全部摘出来，指导我对所摘出的 4 000 多例句进行提炼概括和理论分析，最后我的论文获得"优秀"，这里边凝聚了他无数的心血；此次论文写作实践，不仅提高了我的研究能力和水平，更重要的是使我掌握了正确的研究方法和一丝不苟做学问搞研究的精神，一生受用无穷；著名老记者陈朗老师是给我们上新闻采访学的老师，也是我进新闻学系之后给我们上第一堂课的老师，他对新闻的规律性及其经验的认识是精深独到的，他对新闻的执着正如他的名言"作为记者，你如果被人从门口赶出去，就要敢于从窗口再爬进来"，这种百折不挠的专业精神对我从事新闻工作影响深刻；对国际新闻媒体和国际新闻界了如指掌、外语造诣极深的梁洪浩老师，深入浅出阐述国际新闻事业发生发展变化过程及其规律性，大大拓宽我的学术视野和认识范围；还有中文系敏锐严肃的潘尔尧老师、诚恳温和的卢菁光老师、善于引导的徐位发老师、诲人不倦的戴植秋老师、奖掖后进的黎运汉老师；新闻学系严谨务实的马戎老师、和蔼谦恭的马彦珣老师、学养深厚的孙文铄老师、幽默生动的吴文虎老师、认真细致的曾庆丰老师等等，还有其他许多老师，限于时间不能一一列举。他们人品学问，深刻地阐释了"大学乃大师之谓也"的深刻内涵，培育了一代又一代暨南人。

另一方面，是校训"忠信笃敬"所孕育出来的暨大精神与气质对我的影响。事实上，源于《论语》的校训"忠信笃敬"植根于中国传统文化的丰厚土壤，蕴含了暨南大学这所百年学府的精神追求与办学理念。110 年来，正是一代又一代暨南人秉承校训精神，带着这份为人为事的执着与虔诚，才会坦然走过无数风雨，与家国命运血肉相连，为国家与民族强盛尽绵薄之力。每一位暨大人都是校训"忠信笃敬"的载体和履践者。这里结合我学习校训的一些认识，和即将走出校门的同学们分享四点体会。

做一个守正负责的人

在我看来，"忠"从本质上看就是守正负责。当前，我们党和国家确立了"两个一百年"奋斗目标，你们这代人比我们有更好的发展机遇。同时，这也意味着在你们的奋斗历程中将面临许多新的问题，无论是个人的还是社会的。但是，无论碰到什么问题，都要守正负责。只有走正道，对工作负责、对事业负责、对自己负责，成就事业才有根基，个人的人生目标、美好愿景才能从理想走向现实。

做一个崇尚诚信的人

"信"字自古以来被认为是"为人""处事"之本，意为诚实不欺、恪守信用、与人结交言行一致。讲究诚信是放之四海而皆准的做人道理，是沟通人际关系，促进人与人之间相互尊重、相互理解、相互信任的精神纽带。无论为学、经商、从政还是从事其他工作，都要崇尚诚信，讲究社会公德、职业道德和家庭美德，不能言而无信，失信于人。

做一个踏实笃行的人

同学们走出校门，将面临大好机遇，关键是要夯实根基、迈稳步子、坚持不懈、久久为功。辉煌不是靠天上掉馅饼，它靠的是踏实笃行、辛勤耕耘，甚至是寂寞而艰苦的劳作。我相信"天道酬勤"的古训，而马云也不是一个晚上就成为"外星人"的。

做一个敬人敬事的人

作为校训的"敬"，我的理解是敬人敬事。敬人，就是要发自内心地尊重他人，承认自己可能有的局限，不凌驾于他人之上。敬事，就是要承认自己能力有限，像工匠做事时一样，不轻慢、不敷衍，凡事精益求精。有恭敬之心，是我们真正做到谦逊、感恩、宽容的前提。我相信，由此我们的内心将更安宁，也更强大。

在校学习期间，我记得曾经向给我们上训诂学的陈经耀老师请教暨大校名、校训的来源与含义。他援引《尚书·禹贡》："东渐于海，西被于流沙，朔南暨，声教讫于四海"，以及《论语·卫灵公》的有关内容，对我的问题作了详细的解释，并说，校名虽只强调了"暨南"，但还是希望你们能够将暨大的"声教"传播到东西南北、五洲四海。同学们，校训"忠信笃敬"是母校给予我们的宝贵的精神财富和立身根基，也是大家立足社会的一张名片。希望你们牢记校训、珍惜韶华、奋发有为，预祝同学们在追逐梦想中为实现中华民族伟大复兴的中国梦奉献智慧和力量，实现自我价值，为母校争光！

（本文写作于 2016 年）

【作者简介】张东明，暨南大学 1980 级中文系。曾任南方报业传媒集团党委副书记、南方报业传媒集团管委会副主任、南方报业传媒集团总经理、《南方日报》总编辑。

关汉夫同志抗美援朝获得的国家以及朝方颁发的纪念章

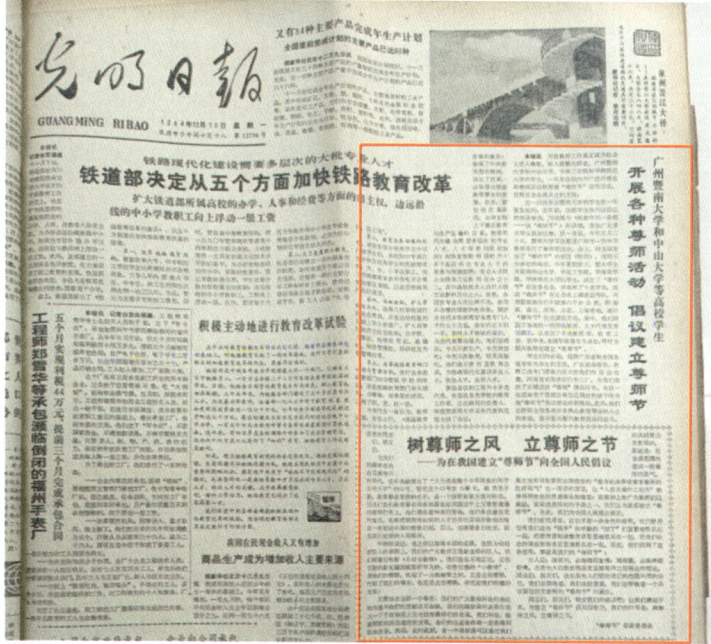

《光明日报》报道暨南学子开展尊师节活动

1958 年，暨南大学广州重建时的校门

1958 年 9 月 24 日，暨南大学开学典礼

1978 年 10 月 16 日，暨南大学复办后首届开学典礼

暨南大学 80 周年校庆主席台。前排左起：时任全国人大常委会副委员长叶飞，时任中央顾问委员会副主任王震，时任全国人大常委会副委员长、暨大董事会董事长荣毅仁，时任中共广东省委书记林若，时任广东省省长、暨南大学校长梁灵光

2015 年真如暨南大学旧址被列为上海市普陀区文物保护点

暨大在"孤岛"时期校址（公共租界康脑脱路 528 号）遗存（现位于上海市静安区康定路 528 号，2015 年被列为静安区文物保护点）

真如暨南大学旧址（科学馆）

真如暨南大学旧址（科学馆）保护性迁移施工现场

第 二 章

一生笔墨千秋世
言传身教为师范

风范难忘
——记陈序经先生

曾敏之

　　远在 13 年前的一个弥漫着花香的春夜，在南园华灯璀璨的一间小厅里，我和黄轶球、胡一声、陈芦荻几位教授同为陈序经先生饯别，因为他奉调离开暨南大学，要到他曾工作过的天津南开大学去了。旧地重游，于陈序经先生而言难免有今昔之感慨，在我们则有依依惜别的惆怅。他是忙碌的，校务移交，书物待归档，但他忙里偷闲应我们之邀来作临别一叙。南园里花树扶疏，灯影摇红，与离樽相映，浮泛着一种朦胧的诗意，记得我以"饯别陈序经先生"为题，曾写下这样一首小诗：

> 祖饯一樽酒，簧宫早美名；
> 文章惊海宇，意气感平生。
> 弦诵兴南北，春风拂士林；
> 拳拳祝序老，共报岁寒心。

　　饯别之后不久，陈序经先生就北去天津，从此暌隔两地。听说周恩来总理对他很器重。遥听之余，我们深庆得人，因为陈序经先生不仅是社会学家、教育家，也是有名的东南亚专家，以他的才识主持东南亚的研究工作，真可谓能展所长了。

可是，诡谲的政治形势带来了巨大的变动，当陈序经先生到了南开大学席未暇暖，席卷全国的政治运动就起来了，"文革"的"打倒"风使他首当其冲，随风而倒，受到迫害，后来不幸逝世。

当我知道陈序经先生的噩耗时，曾为失掉这位可尊敬的师友而掉泪。1971年春，我得以离开暨南大学出广州疗养，收拾破书行箧就离了暨南园，当时的暨南园已弦歌中辍，静寂得很，但是春风依旧吹绿了园林，紫荆依旧绽开于湖畔，我的离情别绪却萦绕着一个人物，这个人物就是陈序经先生。现在重拾记忆，当时有诗为证：

> 柔枝弱干护泥沙，摇曳春风散绮霞。
> 树碧千层莺巧啭，烟凝崇阁月横斜。
> 葱茏满目怀园叟，寂寞离情对荼花。
> 难卜汉南重过日，十年如梦送生涯。

这为证的诗句表明，我怀念的园叟就是陈序经先生，而我也难期重回暨大了。为什么我会在那样阴霾横空、家国动荡的日子里怀念陈序经先生呢？说来就一言难尽了。

我认识陈序经先生早在我当新闻记者的时候。当时费彝民先生是介绍人。然而对陈先生的道德文章，却从20世纪20年代起就怀着深深的敬意了。我读过他的学术著作和"星期论文"，也读过他研究珠江疍民（即水上居民）的专著，他以人道主义的襟怀对漂荡无家，着陆又受歧视的疍民深抱不平。他早年从事教育，成绩卓著，在西南联大、岭南大学培养了不少人才。中华人民共和国成立后，高等院校调整了，他坚守教育岗位，虽然有人劝他远走高飞，他却以对祖国、对教育事业的忠诚毫不为动。我就是在与他交往之后，从他自始至终坚持这一基本立场而更深层地认识他的。

在广州，20世纪50年代曾流传过一段佳话，就是陶铸有一次到北京开会，周总理在中南海接见他。周总理笑问陶铸："广东有一位最善于团结高级知识分子的学者专家，能聘请到一级教授任教的教育家，你知道是谁吗？"

因缺乏调查研究而无从回答，陶铸难为情地望着笑容可掬的周总理。

"你要向陈序经请教，向他学习一点知人善任的好作风。"陶铸因周总理的启发受到教益，他后来与陈序经先生成了很好的朋友。

"知人善任"之于陈序经先生，的确是名不虚传。当历史专家陈寅恪处于隐居生活，与世隔绝时，陈序经先生无微不至地关怀他、帮助他，使得双目失明的陈寅恪对唐史的研究不致半途而废，终于完成了计划著述中的唐史著作；当物理学家、电子专家冯秉铨远从美国归来之时，他延聘了冯秉铨教授到大学任教。以后冯屡经挫折，他都不改对冯秉铨教授的深厚友情，令冯秉铨教授有知己之感。去年冬天，冯秉铨教授写信给我还谈到陈序经先生含冤而死的事，悲愤溢于字里行间，写的悼诗沉痛得很，这也反映了陈序经先生待人接物是如何受人感戴！

在广州，20世纪60年代又流传过一段佳话，就是周扬到了广州。他听说陈序经先生完成了200万字关于东南亚各国史的研究著作，不胜钦佩与惊讶，他曾当面问过陈序经先生："陈老，你当大学校长这么忙，怎样能研究与写成这么卷帙浩繁的著作呢？你的治学秘诀是什么呢？"陈序经先生满怀谦逊、热情而又风趣地回答："是在搞学术研究的自留地。"

陈序经先生的学术研究自留地是怎么一回事呢？1964年有一天在太平馆，我和他对坐饮咖啡，他把秘诀寓于清谈之中告诉了我。于是在难忘的记忆里，一位学者在自留地上艰苦耕耘的形象就浮到我的眼前来——在大学的校园里，一天繁忙的工作随着黄昏到来而结束，但在陈序经先生的家中，客人夜访的接待又告开始。只有夜静更阑之后，他才进入休憩的状态……闹钟在下半夜三点钟响了，他揉着惺忪的睡眼，爬起来用冷水醒醒头脑，用一杯热茶、两片饼干打点饥肠，然后坐在灯前。这时万籁俱寂，斗室之中只传出翻阅资料、下笔飕飕的声音。直到鸡鸣报晓，东方发白，他才放下笔，伸伸腰，走出家门到校园散步。上班时间到了，他若无其事神态如常地去上班，谁也不知道他半夜耕耘自留地的事。经过三年的积累，有了丰厚的收获：

东南亚八国历史研究完成了初稿；

《柬埔寨史》令西哈努克叹为观止，自愧作为柬埔寨人的无知，曾要求陈序经先生去柬埔寨讲学；

《中西交通史》全书80万字完成一半，起自唐代与阿拉伯、印度等国家的通商及文化、宗教的交流。迄于清代的对外贸易……

这些著作，曾在费彝民先生热忱索取之下，代印成书，仅是留待审定，尚未正式出版。

虽然耕耘已有收获，但是陈序经先生却谦虚得很，他对我说："以我的几国外文程度，我可以做一个较高级的资料员，为有志于研究东南亚的人提供资料。只是《中西交通史》未能完稿，这是令我耿耿于怀的。"

果然，陈序经先生不仅耿耿于怀，而且抱恨而逝了，这是史学方面无可补偿的损失。他的遗著如何整理成为全集，也成为学术界严肃的任务了。

陈序经先生毕生尽瘁于教育及学术事业，也尽心于对人的关怀与帮助。当他受到周总理充分支持的时候，他被调任暨南大学校长，我在暨大任教时，有更多机会与他接触。他的言行感人至深，我就亲自阅历了这样的情景：

暨南大学的校园绿化、道路补修、宿舍扩建以及饭堂改进，他起了策划、监督、力行的作用；对延聘师资、规划远景，他更起了主导的作用。谁料得到一所已具规模的综合性大学，却于1970年因"文革"而停办。

陈序经先生的寓所在中山大学校园，远离暨大，他常常早出晚归，在中大到石牌的路上，他乘坐的小轿车在奔驰，只要他瞥见学校的教师行走于中途，他必招呼司机把车停了，然后打开车门，邀请其乘车，于是他的小车成了"巴士"，这又成为人尽皆知的美谈了！对于陈序经先生，我以"平生风谊兼师友"的感情尊敬他也曾向他请益，特别是关于治学的方法。他语重心长地说："勤与专不可分，非勤难以学成，非专难以精深，一个人的时间精力有限。要选择与志趣相适应的专题勤专，就必然会有收获。浅尝辄止、杂乱无章、急功近利是不可取的。"

追忆与陈序经先生的交往，体味他勤勉的至意，重温他治学做人的风范，不禁兴"先生之风，山高水长"之思，也不禁抄录还是在"文革"期间写下的《悼陈序老》旧作，以记当年的沉痛：

> 南园叙别情犹昨，北国传经愿已乖，
>
> 师道陵夷弦诵歇，渤湾风暴学人摧；
>
> 陈蕃志洁招多士，向秀思幽事可哀，
>
> 莫道名山寻旧约，白头蠹简付蒿莱。

（本文原载于曾敏之：《海上文谭——曾敏之选集》，花城出版社 2012 年版）

【作者简介】曾敏之，1917 年生，祖籍广东梅县。香港著名作家、诗人、报人。曾任香港作家联合会会长，香港《文汇报》副主编。1961 年调入暨南大学中文系任教，曾任现代文学教研室和写作考研室主任，讲授现代文学、古代文学、鲁迅专题等课程。著有杂文集《曾敏之杂文集》，散文集《望云海》《文苑春秋》，专著《诗的艺术》等。

王越老校长杂忆

倪列怀

　　王越老校长辞世，瞬已六载。吾生有幸，曾有机会在他身边工作过几年，亲承教诲，受益良多。至今回忆起来，仍有许多往事难以忘怀。

　　到老校长身边工作是在 1982 年，其时年近八旬的王老已经离开了教学一线，也离开了行政领导岗位。本可颐养天年的他却闲不下来，依然孜孜不倦地做学问写文章。我的主要职责是担任他的业务助手，帮助他检索、借阅各类图书资料，抄写、打印、校对文稿。刚去他家时，我内心是忐忑的，担心干不好。但很快地，就被老校长的亲和力所感染，迅速适应了工作。

　　老校长的个性特点，我曾经以"儒雅的学者气质和宽厚的长者风范"来形容。就像家里的长辈，毫无陌生感，也没有对于师道理解肤浅的某些教师的所谓"威严"，更别说是官员（他是连续几届广东省政协副主席）的派头、架子了。

　　从学者气质这一点说，老校长给人印象深刻的，首先是他深厚的学术造诣。教育学我没学过，不敢班门弄斧，所以跟他在这方面交流很少，了解得也不多，只知道他在 1949 年前就出版了多部教育学专著，后来还主持编写过教育学词典和教育史教材。我当他助手期间，替他跑过几篇论文的材料，其中印象较深的是用英语撰写的关于孔子之师的论文。以前用中文写的论文，我还能帮着抄抄写写校对一番，用英语的，我却惭愧帮不上忙了。因此也深深佩服老校长这么大岁数了，不但专业能力不减，连语言功力也依然如此深厚。中文是我的专业，但接触多了我才发现，老校长这方面的知识远比我丰富得多。记得有一次帮老校长抄写即将出版的《南楼诗抄》的稿子，那深厚的古典文学功底，令人惊叹。还有一次王老跟我聊到方言，说潮州话里头保留了很多上古语音因素，还举了不少例子。我大为吃惊，古音韵学是古汉语研究中最为艰僻的一个学科分支，上古音就更是艰深了。王老是搞教育学的，这两个学科根本不沾边，王老竟连这方面都有所涉猎！这让我没法不叹服；何况他是客家人，却比我更了解我的母语方言！可以说，是他让我深切地感受到了学无止境这个词语的意蕴。

其次，虽说老校长离开教学一线多年，但相处之中，那种循循善诱的教学方式和温文谦厚的教学态度依然时时感受得到。给他做助手那些年，感觉就像跟他读研究生。除了做好本职工作之外，更多的时候，是他指定某一问题让我去研究，逼着我写文章。但他只是指定一个方向，给我提供一些参考书的线索，并不给我观点，还让我自己找材料、阅读材料，并在研究材料中发现问题，找到论题，提炼观点。我在研究中碰到一些问题向他请教，他通常也不会直截了当地把自己的观点告诉我，而是提出几种意见，让我自己做判断。对于不同的观点，他一般很少彻底否定，而是先肯定其合理成分，再指出其不合理之处。就是要说自己的观点，他也绝不强加于人，而会清楚评判问题的原因或来龙去脉。因此，在我印象中，老校长虽然做了多年行政领导，但是其学者本色、教师本色始终不变。

说到老校长的长者风范，主要表现在他民主宽容的学术态度、儒雅宽厚的待人态度方面。

老校长是共产党员，也是民主党派的领导人。但他的友人，更多的是学术界中人。其中有些人，政治理念跟老校长不一定一致，老校长却能跟人家平等交往。王校长儿子王思华教授曾经提到，像耿介的陈寅恪教授、吴宓教授等，都跟老校长颇有交情。晚年陈寅恪不愿见外人，尤其是官员，所以要见他常得通过老校长先去说项，故当时中大有"要见陈先见王"的说法。连去了台湾的梁实秋先生，晚年时也是通过与老校长的信件往来提出归乡之愿。"文革"前后，暨大曾有过对学术问题某些过多的行政干预，老校长在处理这类事情时都能以理服人，使矛盾双方能平心静气地沟通，恰到好处地避免了矛盾的激化。1978 年复办暨大时，不少在"文革"中受到迫害、伤透了心的教师不愿意再回暨大，也是老校长一片真诚登门拜访，把他们请回来。不但如此，他还利用自己的影响力，和学校其他同志一起在全国各地请来了不少知名专家、教授，为后来暨大学术实力的提升发挥了非常重要的作用。

老校长的学术造诣和学术地位，加上他的温文宽厚、待人以诚的态度，构成了他颇具亲和力的人格魅力。所以，当老校长仙逝、记者采访时，我概括道："学博思深的学者，慈祥忠厚的长者。"这正是我对晚年的老校长最深刻的印象。

（本文写作于 2017 年）

【作者简介】倪列怀，暨南大学 1978 级中文系，毕业后留校工作，长期从事公共教学，教授过的课程有"大学语文""大学写作""国学"等，曾任王越助手。

梁奇达与暨大医学院和华侨医院

刘希正

梁奇达同志是忠诚的共产主义战士，早年参加革命，在革命战争时期立下了不朽功勋。新中国成立后，从 1955 年起历任广东省委高校工委、广东省教育厅和暨南大学的党政领导，他忠诚党的教育事业，辛勤耕耘、艰苦奋斗，为发展我国高教事业作出了重大贡献。"文革"结束后，中央决定复办暨南大学并增设医学院和华侨医院，奇达同志对此高度重视，倾注了大量心血，他是创办暨大医学院和华侨医院的卓越领导人。在奇达同志逝世一周年之际，我们深切怀念他，他的光辉形象永远活在人们的心里。

白手起家，创造奇迹

1978 年 1 月，中央决定复办暨南大学并增设医学院和华侨医院，而且要当年筹建、当年招生，任务极为紧迫艰巨。

暨大复办，原有各院系是把分散在广州地区各高校的原有教职工和设备再集中起来，有一定的基础；而新办的医学院和华侨医院则是白手起家，教职工和设备以及办学经验完全是从零开始。但在这种极端困难的情况下，暨大复办领导小组在杨康华和梁奇达的带领下把创办医学院和华侨医院作为重点来抓，在全国高等医学院校，特别是中山医学院的大力支持下，充分发挥综合大学的优势，艰苦奋斗、勤俭办学，实现了当年筹建、当年招生的建院任务。这是一个奇迹，因为这是暨大办学史上的创举，是多快好省办高等医学院校的先锋，是我国院系调整后综合大学办医学院的首例。

奇达同志深知创办医学院和华侨医院的艰难，所以，他邀请卫生部顾问、中山医学院原院长兼党委书记柯麟同志担任暨大董事会董事，在柯老的大力支持和帮助下，广东省委从中山医学院和广东省高教局等单位抽调有丰富办学经验的干部和教授到暨大成立医学院和华侨医院筹备小组，并动员中山医学院教师携带教具支援授课。奇达同志还积极动员暨大的英语、数学、物理、化学、生物、体育、政治等公共基础课的教师，承担起医学院公共基础课的教学。医学院于 1978 年 7 月按时招收六年制首届临床医学专业的新生 132 名，其中港澳生 57 名、侨生 4 名、内地生 71 名。

在上级党和政府以及暨大特别是奇达同志领导下，组建暨大医学院筹备工作小组，经过不到半年的艰苦努力，终于实现与暨大其他院系一道在复办当年秋季招生开学的任务。

全国招贤， 渴求名师

奇达同志常说："要办好医学院和华侨医院关键在于建设一支又红又专高水平的教师队伍，要把筹建工作的重点放在争取高水平的教师上来。"在他的极力主张下，暨大向中共中央组织部请求为暨大复办后增设的医学院和华侨医院配备由全国高等医学院校支援的讲师以及主治医生以上的骨干教师。中组部、教育部、卫生部为此联合发出了通知，在奇达同志指示下，医学院的党政负责人分三路到全国招聘骨干教师近 200 名，其中包括全国知名的专家教师，有罗潜、邝公道、朱师晦、郁知非、李辰、任邦哲、杨简、何凯宣等。这一大批骨干教师调进暨大医学院，保证了教学、医疗和科研任务的完成，奠定了医学院今后发展的基础。

走出国门，扩大交流

奇达同志认为暨大要面向海外，更好地实现传播中华文化，培养华侨子女的办学宗旨，必须把暨大办成一所具有高水平的文、理、医多科性综合大学。为此，他积极支持有条件的暨大医学院的教师走出国门，采用"走出去"与"请进来"两种形式，扩大国际学术交流。

1980 年 9 月，暨大医学院罗潜、邝公道、何凯宣三位教授应德国科技文化交流中心邀请前往德国考察访问三个月。在此期间，暨大与德国医师学会、菲德利女皇基金会双方签订交流合作协议，由德方出资每年可派出多至 30 名医教人员前往德国进修提高。暨大医学院首批前往德国进修的教师 20 名，他们先在校内经过德语集中培训，出国后可用德语进行对话交流，德方印象很好。根据这个交流合作协议，迄今已先后派出 100 多名医教人员前往德国进修。此外，还依此协议邀请了中山医学院、广州医学院部分教师去德国进修。奇达同志自始至终大力支持，并亲自到机场迎接这三位教授回到广州，与他们合影留念。

暨大医学院冷延家教授应英国利物浦大学热带病医学院和大英博物馆邀请，于 1980 年 10 月至 1982 年 2 月先后在利物浦大学热带病医学院考取了英国热病暨卫生学高级学位证书，并于大英博物馆昆虫学部研修白蛉分类学，完成四篇学术论文，并在英国发表。

冷延家教授在留英期间，经暨大批准，征得利物浦热带病医学院同意，双方建立国际学术交流合作关系，并于 1982 年秋在暨大签署协议书。通过这个协议，由英方资助暨大医学院先后派出叶衍知、王敏霓、王声涌、刘雅棣等教授前往英国深造。中山医学院的黄炯烈和广州医学院的汪钢锋两位教授也依此协议赴英留学。

这两次出访并签订国际学术交流合作协议，不仅在校内是复办以来最早的国际学术交流合作协议，而且在国内高校中也是走在前列的。这对提高暨南大学的学术地位和学术水平具有重大意义。

（本文写作于 2003 年）

【作者简介】刘希正，吉林永吉人，1978—1984 年任暨南大学医学院党委书记兼副院长。

回忆与缅怀萧殷先生

饶芃子

　　萧殷先生和我们永别了，我早就想写一篇纪念我尊敬的师长的文章，寄托我内心深处的哀思，但每次提起笔来，都无法控制自己的眼泪，所以，几次提笔，几次不能成文，直至现在，也还未能在感情上接受这一悲痛的现实。

　　我认识萧殷先生，是在 1958 年秋天，当时暨南大学刚刚在广州复办，他是暨大中文系的系主任，我是系里最年轻的助教，学校领导要我跟萧殷先生进修文艺理论，当他的助手，所以，有幸比别的同事得到他更多的关怀和帮助。我敬仰萧殷先生的学识，也敬仰萧殷先生的为人，作为长者，作为导师，他一直是我的榜样和引路人。二十多年来，萧殷先生的工作有过几次调动，但他和暨大中文系师生的联系从未中断，系里的同事常常在假日到他的住处梅花村探望他，面聆他的教诲。萧殷先生逝世前，有大半年的时间，是在广东省人民医院东院区病室里度过的，我和系里的同事曾经多次到那里去探望他，由于经过几次病危的折磨，那段时间，他身体已十分衰弱，每天只吃一二两饭，但神志清醒，仍像往常一样健谈。我最后一次去看他，是在他病故前四天，记得那天天气闷热，他用一个塑料垫垫腰，斜躺在床上，气喘得很厉害，样子十分痛苦，我心里很不安，禁不住眼泪夺眶而出。他看我难受，就断断续续地说："天气不好，故感胸闷和气促，不是有特别的病变。"像是宽慰我似的。他当时病情已相当严重，医院里的医师不要他会客，不要他多谈话。他看到医师和护士出现在病室门口，就一面喘气，一面用手比画着，意思是让陶萍女士陪我到院子里乘凉说话。过了一会儿，护士来说萧殷先生睡着了，叮嘱我们不要去打扰他，我看时候不早，就告别了陶萍女士回家。后来，听陶萍女士说，他醒来时，知道我已走了，还惦记着我的情绪，说看到我那么难过，心里很不好受，但万万没有想到，这次见面竟成了永别。

萧殷先生到暨大任职时，才43岁，但已著有《与习作者谈写作》《论生活、艺术和真实》等书，是一位国内知名的文艺理论家，他生活俭朴，平易近人，很快就和系里师生打成一片。那些日子，陶萍女士尚未从北京调来，他一个人就住在学校办公大楼四楼的办公室里，家具全租用公家的，一张大床，一张大办公桌子，两个书架，还有若干木头做的折凳、方凳和一个小茶几，三餐都在教工饭堂。由于他待人热情，许多学生和教师都愿意找他谈心和讨论问题，特别是那些刚从东南亚各国回来求学的侨生，常常带着自己的习作和不能解答的文艺理论问题去请他指正和解答。于是，他的住房就变成了课室，往往是送走了一批学生，另外一批学生又来了，他对此一点也不觉得厌烦，总是满腔热情地接待他们，使他们的求知欲望得到满足。他常说，他自己过去也是一个爱好文学的青年，走过一段艰难曲折的文学道路，所以很能理解青年人急切求学的心情，愿意为他们尽心尽力。所以，许多学生在他面前并不感到"代沟"的存在，无论在什么时候，讨论什么问题，他们的交谈都是亲切的、平等的。他既是青年学生的导师，也是他们的朋友，他帮助他们，扶持他们，对他们中的一些优秀的习作总是热情地给予赞扬和鼓励。1959级的两个学生，写了一篇分析欧阳山的小说《金牛和笑女》的评论文章，拿给他看，他认为写得不错，就马上推荐给《羊城晚报》发表。一个学生在文艺刊物上发表了三首较好的诗歌，他高兴得一个星期内跟我说了三次，表现出来的情绪就像年轻人一样纯真。他经常提醒我们，这些华侨生、港澳生怀着爱国心到暨大来求学很不容易，我们一定要对他们负责，使他们能健康地成长。他向来反对用各种禁锢的措施去限制学生的交往和活动，而提倡教师全面地关心学生，给他们以启发和引导。

我到暨南大学之前，原是中山大学中文系古典文学教研室的助教，到暨大中文系以后，由于工作需要，要我改变学科方向，跟萧殷先生学文艺理论，这对我来说，不无思想斗争。萧殷先生知道后把我找去，问我对这一决定有什么想法，我如实地把自己当时的思想情况告诉他，并且说为了这件事情，我还伤心地哭了很久，他听了并没有生气，而是耐心地开导我："文艺理论是探索文艺创作、文艺发展的规律的，它的研究对象包括古今中外的文艺现象和作家作品，一个有一定古典文学基础的人，对领会和掌握文艺理论是很有好处的，你的那些古书以后仍然有用，不需要用眼泪去同它们告别。"他说他自己也非常喜欢古典文学，特别喜欢我国的古典诗词，那天他还和我谈到他对王维诗歌和柳永慢词的看法。那是他第一次和我长谈，给我留下的印象是很深刻的。为了培养我对文艺问题的敏感，萧殷先生要我注意阅读国内外有争议的学术论文和文学作品，并从中发现问题，分析问题，提出自己的看法，有针对性地写些文艺短论和评论文章，但开始时他对我写的东西常常是不满意的，每次都针对我文章中的不足之处提出许多具体尖锐的意见，每篇文章都要我修改多次才能定稿。经过一段时间的磨炼，我的文章能令他比较满意了，我告诉他："我终于有了一点小小的进步。"他笑着回答："这是我同你的学院派文风苦苦'斗争'的结果。"尔后，我的一篇文章在《星星》杂志上发表，他看了十分高兴，说我已跳出了学院派的"篱笆"。这当然是他对我的鼓励，事实上直至今天，我也还有那么一点"迂"气的。

1959年9月，我正式开课，萧殷先生利用暑假帮我审看了全部讲稿，还告诉我，他将抽空来听我的课，如发现新的问题，再给我指出来。讲第一堂课时，我在课室最后一排为他准备了一把靠背椅，没见他来，以为不来了，下课后才发现他坐在课室外面的走廊上，他笑着解释说："我怕影响你的情绪，所以没进里面坐。"我当时听了，真有说不出的感动。1960 年以后，我开始在报刊上发表一些文学评论，他每次读了，都及时给我鼓励和指点。他反复教导我，要评论作品，一定要深入研究作品，认真揣摩作家的构思，要有体贴作家之心，评论家应该是作家的好友、读者的知心人。他反对从概念、定义出发来写文学评论，他不喜欢那些四平八稳、没有自己见地的评论文章。他常说，写文章不是为文而文，而是要把自己的文艺见解告诉别人，没有见解还写什么文章呢？

1963 年，因工作需要，萧殷先生调离暨大，到中南局担任文艺处长，搬到梅花村四号楼居住。与他见面的机会少了，但每逢假日，我仍常去探望他和陶萍女士。从石牌到梅花村，公共汽车只有 4 站，但假日人多车少，等车挤车，一早出门，抵达他家，总得 10 时左右，所以常常是早上去，中午就在他家用饭，下午回校。萧殷先生一向很少出门，没客人的时候，白天、晚上都在书房工作。我去的时候，陶萍女士也到书房来，三个人就一起喝茶说话。因为不像在学校那样时常见面，每次见面，都有说不完的话。我是个快嘴的，总是抢先向两位长者汇报情况：最近读的新书，自己的体会，对一些有争议的问题和作品的看法，国内外文艺动态，学校里发生的事情，等等。有时也带自己刚完稿的文章去读给他们听，在这种情况下，陶萍女士总是静静地听着，萧殷先生则一面聚精会神地听，不时发出简短的评论，一发现有不严密、不科学之处就马上给指出来，告诉我应怎样认识，怎样修改，偶尔有一两处写得好的，他也给予鼓励。萧殷先生也常常把他正在写的文稿拿给我看，告诉我，他为什么写这篇文章，针对性是什么。他的文稿，都是一个字一个字写得很端正，就是涂改的地方，也是清清楚楚的。我小时候没有练好字，字写得不好，稿子书写也比较潦草，他在暨大时就对我这一点不满意，多次给我指出："字写得好不好是另一回事，但书写一定要清楚，要让人看得懂，这是对别人的尊重。"我每次读他的手稿，对照自己，就觉得很惭愧。

"文革"初期，听说萧殷先生被"隔离审查"，正想抽空到梅花村探望陶萍女士，不料我自己也莫名其妙地被打入"牛栏"，因为没有行动的自由，我只能从学校里张贴出来"揭发"中南局和作协的大字报中了解一点他和陶萍女士的处境。直至1969年秋天，听作协的同行说萧殷先生已从干校回中南局招待所养病，于是我赶快去看他。他没想到我会突然出现，高兴得忙叫我坐，房间里到处堆放着劫余的旧书、旧物，我坐在唯一的一把靠背椅上，一时百感交集，不知说什么好。他看我沉默，反而宽慰地说："劫后余生，不容易，应该高兴才对。"那天，他的大儿子葵葵还为我们在招待所门口拍了两张照片，作为灾难之后久别重逢的纪念。

粉碎"四人帮"以后，萧殷先生担任《作品》的主编，住在梅花村新三十五号二楼。那段时间，他的工作很忙，来往的客人也多，我虽常去看他，但很少有长谈的机会。记得有一次，他身体不大好，医生不让工作，我去了，陶萍女士就留住我，三个人在萧殷先生的书房聊天，我们从斯诺的《漫长的革命》，谈到赫尔曼的长篇小说《战争风云》、冯伊湄的《我的丈夫司徒乔》（即《未完成的画》），这几本书都是当时刚出版的新书，萧殷先生认为，《漫长的革命》远不如《西行漫记》，但作为一个外国人，他对我们"十年内乱"的记述和描写，是比较真实和客观的，他还感慨地说："对这一内乱，斯诺比我们知道得多，也清醒得多，我们还来不及了解和分析是怎样一回事，就被'打倒'了。"

1979年12月，萧殷先生应邀回暨大兼课和指导文艺学硕士研究生，我参加以他为主的研究生指导小组，给研究生讲马列文论和创作论的专题课，由于工作的关系，和萧殷先生常有接触，他当时正在写《习艺录》，身体又不好，但对研究生的工作仍十分认真，一丝不苟。他对学生的要求非常严格，为了帮他们选择硕士论文的题目，曾几次同他们谈话，使他们在下笔之前有明确的指导思想，在写作中能逐步建立自己论文的观点体系。为了组织论文的答辩，萧殷先生还由陶萍女士陪着在暨大住了一个半月，直至论文答辩结束。现在，这两位研究生都已先后得到了硕士学位，正以他们年轻旺盛的精力在文艺界服务，他们已再不能得到萧殷先生的指教和鼓励了，但我相信，他们将会更加自爱自重，努力上进，他们一定不会辜负萧殷先生的教育和希望。

萧殷先生已和我们永别了，在我认识他的 26 年中，他对我的引导、关怀、指点和教育，我将永远铭记。萧殷先生逝世前一直鼓励我鞭策我写作，也希望我能把过去写的文章整理结集，把给研究生讲的创作论专题写成书稿，但我因忙于教学，这方面的工作进展十分缓慢。如今，回想过去了的那些年月，回想他老人家对我的期望，他对下一辈的无私的挚爱，我是不能辜负他的期望的，虽然已是人到中年，背上负担不轻，我还得加快自己的脚步，在铺满阳光的大道上，负重前进。

（本文写作于 1984 年）

【作者简介】饶芃子，1935 年生，广东潮州人。暨南大学中文系教授，文艺理论家、博士生导师，暨南大学原副校长。1953—1957 年就读于中山大学中文系，1958 年调到暨南大学中文系任教，从事文艺理论研究工作。1981 年协助萧殷先生创立暨南大学文艺学硕士点，使暨大中文系成为国务院学位办第一批学位点的授权单位。1982 年被评为广东省劳动模范，1992 年获国务院颁发"有突出贡献专家"特殊津贴。

饶门三得

余 虹

一次偶然的机会，幸运之神将我引进饶门。

那是 1993 年夏天的一个上午，我到暨南大学中文系求职，不幸，我被告知相关专业刚调入一人，按惯例不能再进人。我失望地回到家中，没想到中午接到中文系副主任魏中林博士的电话，他告诉我说饶芃子校长要见我，现在就去。我如约赶到饶校长的住所，苏州苑 21 栋，三层小楼的二楼右手边，开门的是饶校长，身着一袭红绸大花宽衣，微笑着说："余虹，进来，进来。"又说："我知道你，看过你的一些文章和书。"听那语调，看那笑容，我忘了她是"校长"，也忘了她是一位陌生的长者与先生，只感到一种回家的温情。几天之后，我被调入暨南大学，随后又师从饶老师攻读博士学位，便有了更多的机会去那个平常而诗意的家。

饶门是家，但饶老师不是家长，这真是我的幸运。

在学术界从业多年，我深知做"家长"是多么诱人和难以拒绝，也见过一些"不肖子孙"的报应，我庆幸自己没有落入"家长"之手，更庆幸我曾有过一个没有"家长"的家，在那里我体悟到一种精神、一种柔弱的力量，它对每一个柔弱的学术生命开放，并呵护这种生命，这是饶老师留给我最深刻的记忆。

饶老师对宋词情有独钟，尤其是"婉约"一格，我将其领会为柔弱生命间的应和。有一次饶老师对我们感叹说："在人们眼中，我功成名就，事业很辉煌，家庭很幸福，好像我应有尽有，无所不能，其实，我自己非常清楚我的无能、贫乏、过失和永远的遗憾。"那次谈话是在厦门大学的海边，我们看海，每个人都很渺小，都很柔弱，都很有限。从那以后，我明白了为什么饶老师不是"家长"，也明白了为什么她从不剑拔弩张、咄咄逼人和自以为是。

饶老师对人的限度有深刻的敏感，这大概也受惠于她对比较文学的研究。"比较"使她更深刻地体会了不同文化和不同眼光的"限度"与"差异"，而尊重"他者"也成了她一贯的学术主题和饶门无形的家规。在这样一个家中，每一种见解都不允许飞扬跋扈，每一种见解都会得到尊重。她提倡学术自由，但不是居高临下的施舍，她吸纳异己怪诞之见，但不是大慈大悲的降尊宽容，她以自己的威望和权力守护而不是剥夺学术的自由与思想的独立，她甚至不像陈寅恪那样以独立自由的名义要求弟子从己之学。

学术之"家"乃自由创思的场所，而不是变相的管教所。然而，其如福柯所言：现代权力无所不在的运作已经到了这样一个地步，连学术界这个被认为是最神圣和最自由的领域也被形形色色的"学术掌门人"和"学术警察"把持了。中国学术界的"博导"们有些也充当了这一角色，他们或自闭于名望权势，或自迷于"真理""道德"，他们发号施令，是大大小小学术王国中的"家长"。我常常庆幸自己没有遇上这种"博导"，也常常提醒自己不要做这样的"家长"。此为饶门求道问学之得一。

在《我的自画像》中，饶老师写下了这样一段文字：

"眼看半个多世纪过去了，又经过了那么多的风风雨雨，照理说我从小就有的那种纯情的艺术梦幻，早该随岁月流逝而飘散了吧，但是我总感觉它还存在，并且一直伴随着我。许多熟悉的朋友都提醒过我，说我过于把生活诗化，太重感情，担心我因此而不能适应当今竞争的社会。我也知道这是自己'弱'的一面，但自感很难改变，因为我已经这个样子生活了50年。"没有"照理说"去改变自己，而是坚持自己"弱"的一面，"把生活诗化，太重感情"，生活在"纯情的艺术梦幻"里，对炎凉世故的人生说"不"，这正是饶老师的生活态度与学术情怀。

我们知道，情与理的分离、理对情的专制是现代社会突出的标志之一。没有哪个社会像今天这样羞于言情，没有哪个社会像今天这样膜拜"理"而嘲笑"情"。然而，在我们心灵深处颤动的是什么呢？理还是情？离开饶老师已经很多年了，而在她身边求道问学的那些日子却常常萦绕着我，那是一种永不消退的情感氛围，一种比任何道理都更袭人、更让人珍惜人生并体悟到爱的气息。

"情"本是"理"最原始的命脉，在饶老师身边就学，你会被她那种特有的缘情入理风格所熏染。不过，饶老师的"缘情入理"既非传统随感笔记式的动情兴发，也非西式论文写作式的逻辑演绎，而是情动于中、理明于外，强调情的优先性，又不止于情的为学为文方略。正因为如此，她的学术世界既让人牵肠挂肚，又让人回味再三。比如《张爱玲和张爱玲的"冷"》，一个"冷"字将全部感受、情思都聚集在一起。"她只是冷冷地写，仿佛这一切都与她无关，她不过是把客观存在的人和事具体、真实地描摹出来罢了，她根本不想介入，也无需她对它表示什么，解释什么。……在她'冷'的后面有着一种非个人式的深刻的悲哀，一种严肃的悲剧式的人生观。"显然，"冷"是一种阅读感受，却又不仅是一种感受，它导引出对张爱玲的创作态度和人生态度的思。这是在饶门求道问学之得二。

饶老师是理想主义者，而"理想"和"情感"一样在今天都似乎是博物馆的"死物"，但饶老师让我重新体认了理想，重新感受了"纯情的艺术梦幻"的死与生。

诗人里尔克曾悲哀地叹曰：现代世界被整个地放在"商人的秤"上了，经此一称量，所有事物的"质"都变成了"量"，变成了可用金钱购买的量，事物独一无二的质在这杆秤上消失了，包括理想、情感、梦幻、爱与恨、生与死。

里尔克想以他的歌唱唤起人们对"天使的秤"的记忆，在那杆秤上，每一粒灰尘都有不同的质，都隐含着人所不知的神秘，都值得人去敬畏，更何况"理想"。

饶老师的心中始终有一杆天使的秤，这使她对一切事物都有自己的称量，包括"学术"。在现代学术商人的天平上，学术已非独异之"学"，而是同一之"术"，即可数字化，可货币化，是可等价交换的技术、权术、心术。"学而有术"大概就是今天的学术现实，在这样的现实中，饶老师苦恼过，也被迫适应过，但她不属于这个现实，她属于她的理想，"我也知道这是自己'弱'的一面，但自感很难改变，因为我已经这个样子生活了50年"。

"学而不术"作为一种理想，体现的是启蒙以来的现代文化精神，它被康德表述为"为理性而理性"，即不为任何一私、一伙、一地、一时的目的而自由地运用自己的理性。这样一种不术之学在商业精神统治的现代世界中是柔弱的，但也是强硬的，因为它是生命的必需，它守护着不可量化、不可手段化的生命的质，它的存在使学术商人的天平永远无法平衡。此为饶门求道问学之得三。

有幸入饶门，有得而出饶门，一路回望，默默前行。

【作者简介】余虹（1957—2007），暨南大学1996届中文系文艺学专业，比较文艺学方向博士，曾任中国人民大学中文系教授、博士生导师。主要著作有《思与诗的对话——海德格尔诗学引论》《中国文论与西方诗学》，译著有《海德格尔论尼采》《海德格尔诗学文集》等。

忆詹伯慧先生二三事

邵　宜

　　1991 年夏，我参加硕士论文答辩时，导师李如龙先生邀请了詹伯慧先生担任答辩主席，这是我第一次与詹先生见面。先生个子不高，看上去和蔼可亲。在李先生家短暂停留后，我陪詹先生去招待所住宿。从李先生家到福建师范大学招待所尚有一段路程，我推着自行车，一边向詹先生请教，一边小心招呼着。我对先生的景仰，不光是因为读过他写的书，更缘于 20 世纪 80 年代中期的一段求学经历。那时我在江西的一所中专师范学校教书，闲暇时胡乱看些语言学的书籍，詹先生编写的《现代汉语方言》给我印象最深，让我觉得世界上还有这样的学问！我很快就喜欢上了。我当时不知道先生已调往暨南大学，就冒昧给先生写了一封信，表达了考研的意愿。结果自然是石沉大海。后来在蒙师高福生先生的引荐下，我投到李如龙先生门下，算是正式踏入方言学的大门。此次见面，本想把这段插曲告知先生，又怕唐突，终不敢开口。没有想到的是，几个月后我成为詹先生招收的首届博士研究生，他把压在箱底的一封信交到我手中，笑着说了声"物归原主"。我一看信封，这不是我数年前写给先生的求学信吗？原来他一直保存着！先生在我心中的形象在可敬之上又增加了可亲。

　　在先生门下读书的那几年，虽然生活艰苦，精神上倒还充实。参与先生主持的课题，跟随他辗转于粤北粤西，与几位同窗一道完成了《粤北十县市粤方言调查报告》《粤西十县市粤方言调查报告》两部大书，从对粤语一窍不通到很快掌握粤语的特点。"广东北江、西江流域粤方言调查研究"项目由詹先生与香港理工大学（当时还叫香港理工学院）张日升先生合作主持，按照协定，我们几个博士生随先生前往香港工作了一段时间。第一次到香港，我们几个都异常兴奋，像"陈奂生上城"，瞅着什么都觉着新鲜，眼睛看不够，嘴巴说不完。出门时怕我们走散，先生像老母鸡护小鸡似的时时招呼着我们。我们住的公寓有一台洗衣机，法文的看不懂，不知怎么用。我们几个研究了半天，最后无奈放弃。先生不肯罢休，一个人蹲在洗衣机旁聚精会神地琢磨着，我们几个则回到各自屋里忙着核对材料。不一会儿，先生兴冲冲地推门进来说："洗衣机弄好了，赶快拿衣服来洗。"我们几个没太在意："床上的衣服您随便拿。"他老人家抱着一摞衣服就走了。第二天一大早，我们想起这事来，满心好奇地到洗衣机前查看，一掀开洗衣机机盖，一股热浪扑面而来，几件衣服还在里面翻滚着，由于掉色，热水已经变成了墨绿色。原来先生不小心开了热水，我们几件看家的衣服活生生地在里面煮了一夜。赶紧打捞起来一看，伍巍兄的一件毛衣已经宽大如袍。之后的几天，他就穿着这件迎风招展的"大袍"奔走于香港理工大学和百德苑宿舍之间，多年之后说起此事，仍让人忍俊不禁。

1994年夏，我们几个首届博士生毕业，先生极其重视，请来的答辩导师可谓阵容豪华，陈章太、许宝华、王福堂、李如龙等国内方言学界顶尖专家悉数到场，黄家教先生当时身体欠佳，也抱病到场助阵。答辩之后，先生安排诸位专家去肇庆鼎湖山风景区游览参观，我们几个全程陪同。当晚宴庆之后，先生意犹未尽，嘱咐我们请几位老师唱卡拉OK。伍巍和晓山师兄是唱歌能手，一首歌罢，掌声雷动。由于从来没有听过先生唱歌，大家便一起鼓动。经不住怂恿，加上当天高兴，先生拿起话筒，随着音乐唱了起来。开始还能听出唱的是什么歌，听着听着，我们就糊涂了，直到现在我们还回想不起来那晚先生到底唱的是什么歌。

光阴荏苒，一晃二十年过去了。我当年还是个小伙子，如今也已年近半百；先生当年虽已花甲，身体精力却不输壮年，如今已近八十高龄，岁月沧桑无情地写在他的脸上。想起二十年间和先生在一起的点点滴滴，感念之情油然而生。好在先生生性豁达，乐观开朗。弟子无以报答先生的栽培之恩，唯有衷心祝愿他老人家健康快乐、吉祥如意！

【作者简介】邵宜，暨南大学教授，博士生导师。1991 年就读于暨南大学中文系现代汉语专业，获文学博士学位。

忆陈乐素教授二三事

李龙潜

　　陈乐素教授是我国著名的宋史专家。早在 20 世纪 50 年代我便闻其名。直到 1978 年秋天，我和林乃桑等同志代表广东省委宣传部《简明中国通史》编写组前往杭州大学，征求他对我们编著的《简明中国通史》的意见时，始初次见面。1978 年底，我调来暨大历史系工作。次年冬天，他也从杭州大学调来暨大历史系任教，并主持筹备建立古籍文化研究所工作。当时暨大复办不久，缺乏教授宿舍，他被临时安排在山顶一座狭窄的房子居住。历史系陈华教授认为我是古代史教研室的教师兼资料室主任，应该也要听听陈乐素教授关于筹建古籍文化研究所的意见，便叫我同他一起去拜访陈教授。因为早已认识，见面后稍行礼仪，便转入正题。记得他首先谈筹建古籍文化研究所的意见，认为目前困难的是研究人员不足，一时难找到很多很好的合格人员，要有计划地自己培养。其次是图书资料严重不足，要资料室人员想办法增置，将来正式挂牌成立研究所时，才能从资料室分出，另立研究所的资料室。最后还谈了他的研究计划，准备开展《宋史艺文志考证》及《日知录集释补注》的研究工作，这两部书都是洋洋数十万字的巨著，还要研究岭南地方史和文化史。当时正逢党中央粉碎"四人帮"不久，他心情舒畅，目光炯炯，侃侃而谈。他的谈话令我十分感动，使我认识到他虽是 77 岁高龄，但为了科学与教育事业，壮心未已，志在千里，奋斗不息，大大地鼓舞我向历史科学进军。从此，我就跟他学习和工作，直到1990 年 7 月他去世为止共十多年，权作他的私淑弟子，时相过从，渐有认识。有事他喜欢找我去做，如他的研究生张其凡从北京来，他就找我及常先生和他到广州北站迎接。在和陈乐素教授相处的日子里，他给我留下印象最深的二三事如下：

一是笃志宋史研究和治学的求是学风。

70 年来，无论环境如何变迁，陈乐素教授都锲而不舍地坚持宋史研究。如1978 年在"四人帮"粉碎之前，他被迫退休在杭州家中，每天从郊区住地步行十多里到西湖畔的浙江图书馆看书抄资料。他这种笃志宋史研究的精神实在令人佩服。同时，他治学严谨，言必有据，形成了实事求是的学风。如 1981 年他开始研究流放岭南的元祐党人时，首先遇到的是流放岭南的元祐党人"入瘴乡之路"时的"瘴毒"究竟是什么？他到处向人调查、请教。有人说是疟疾病毒，也有人说是风寒病毒，但在史籍中找不到根据；相反地，史籍《通真子·瘴气论》说："岭南瘴，犹如岭北伤寒。"因此，他对调查所得只作参考，不肯据以论述，以防错误，宁愿用《通真子·瘴气论》的材料来说明"瘴毒"的险恶，并以苏轼在岭南染上瘴毒，归至常州，病毒发作而死为例，说明"瘴毒"是一种严重的传染病毒，这样就言之有据，比较稳妥。此外，他作研究、写文章，十分注意文字功夫，要求做到言简意赅、文字流畅。如他写《珠玑巷史事》一文，其中有"一是所从来，一是所定居范围"之句，就值得我们很好地体验。他写了文章，一般都搁一段时间，修改几次，才肯刊布。如 1980 年他写《陈振孙与〈直斋书录解题〉》一文，经多次修改，题目也改为"略论《直斋书录解题》"，于 1983 年 8 月才定稿发表。这是对读者负责的态度，而对于汲汲于名利的人来说，实在是一种鞭挞。

二是毕生从事教育，为培养国家有用之才而贡献自己的力量。

陈乐素教授一生教过中学和大学，承担指导研究生和青年教师的任务，还做过人民教育出版社的编审，审定中小学历史教科书的工作，是位名副其实的教育专家。他调来暨大以后，已是七十多岁高龄，不仅带研究生，还为我们年轻教师和研究生讲目录学课程。我记得 1980 年春在文学院的小课室，他每周讲授两小时。他讲课认真负责，准时上课。他强调目录学对研究工作的重要意义，认为掌握目录学是研究的先决条件，不懂目录，找不到研究资料，就像巧妇难为无米之炊一样。但是，运用目录学知识，去找研究资料，只是第一步，第二步还要对史料的校勘对比工作做到去粗取精，然后分析、综合，得出结论，据以撰文。他在这门课程中，还介绍了各种综合性目录和专题目录，如《四库全书总目提要》《直斋书录解题》及袁本与衢本《郡斋读书志》《郑堂读书记》等，使我们眼界大开，增长了知识，有助于指导我们治学的门径。

他以培养后学为己任，对后学不吝教诲。他治学有家学渊源，遵从父亲陈垣老先生倡议的史源学方法去研究，如他撰写《宋史艺文志序文证误》一文，追查原始文献，并进行校勘，结果"考其误有八，而可疑者二"。这成为他运用史源学方法进行研究的例证。他也希望我掌握史源学的研究方法，1980 年他送给我一本《陈垣史源学杂文》，要我认真学习。我学习以后，很有感触，知道史源学方法的重要。以后我阅读别人的文章或古代文献时，遇到疑惑不解的问题，也学习追求史源，考其讹误。我写的《明代广东三十六行考释》一文，就运用史源学的方法进行研究，结果指出前人多处错误。该文在《中国史研究》发表，他看到以后很高兴，建议我将题目改为"明代广东三十六行与清代十三行考辨"，使内容与题目一致，更为贴切。通过这个事例，我深深地体会到他培养后学真的做到"绣出鸳鸯从君看，又把金针度与人"的境界，给我极大的鼓励。

三是为暨大图书资料的建设作出重大的贡献。

暨大复办初期，图书资料十分缺乏，做研究工作十分困难。陈乐素教授面对这种情况，并不悲观失措，而是千方百计克服困难去解决，主动和全国各地的书店、藏书家联系，积极为学校图书馆和资料室购买图书文献。如 1982 年暑假，他亲自带我去苏州、镇江、扬州、泰州、南京等地访书购书，为了争取时间购到好书，他不辞劳苦，干劲十足。记得在扬州时，听人说泰州古籍书店有影印及善本书出售，立刻叫我买车票，乘晚班车赶去泰州。到泰州时已是晚上十点多，和他住在一间简陋的客店，只有两张木板床和毛毯，吃一碗白面就休息，第二天早上才去书店找人买书。记得当日选购了王明清的《挥麈前录》《挥麈后录》、王方庆的《魏郑公谏录》、陈振孙的《直斋书录解题》等，特别是买到善本顾炎武的《日知录》，令他高兴不已。值得特别说明的是，在苏州，他通过朋友介绍，在锦帆路 10 号章氏故居，找到了章太炎的后代，经多次商谈，才谈妥条件，如在图书馆建室珍藏等，让其后代以章氏名义捐赠了章太炎的全部藏书给暨大，共 3 000 余册，其中善本 445 册。这批书中，有不少章太炎的评语和眉批。如《景德传灯录》卷眉批云："传灯录所载中土诸师皆有实事。其印度二十七祖，多涉附会，且达摩言论无多，亦断无此种传述，大抵后代所为耳。"又《张太岳（居正）文集》卷十七《先考观澜公行略》眉批云："夺情事无以厌众人心，故托其父生之言以自解耳。"这些眉批虽简单，但帮助读者了解书中内容，免走弯路的同时，给予读者启示，具有相当高的学术研究价值和文献价值。又如 1982 年间，台湾成文出版社有限公司印行《中国方志丛书》第一期、第二期共 1 362 种 3 128 册，定价 8 万多美元，折合人民币 40 多万元。我和他商谈，希望学校图书馆购买这批图书。他立刻支持，并向学校和系领导反映，说明这批方志对教学和科研大有裨益。他让我以历史系资料室名义打报告，经系领导审批，再上报学校审批。由于他的支持，当时主管系工作的副主任吕宝郎同志十分重视，全力办理。由于这批方志是通过中国进出口公司广州分公司办理的，有时间的限制，所以学校领导破例在星期日下午开会讨论，吕主任就坐在会议室旁边等候讨论结果。这批方志获得参加会议领导一致通过，吕主任立刻找我去广州办理订购手续。总之，陈教授为暨大图书资料的建设工作尽了努力，为后人的研究工作创造了良好的条件。

四是生活俭朴，倡导体育运动，关心他人健康。

陈乐素教授豁达乐观，刻苦自励，与人相处，十分厚道，和蔼可亲。他生活朴素，从不讲究吃。如我和他出差到扬州时，觉得他年事已高，工作辛苦，便提议吃好一点。他却说："粗茶淡饭，安之若素。我起名乐素，就是为了吃素菜哩。吃素菜，身体健康。"我拗不过他，知道他喜欢食扬州蟹黄灌汤包，就和他去吃。外加一碟素菜，权作正餐，我们就很高兴了。

和他相处，深感到他爱护和关怀他人胜过自己。如他关心我的研究，叫我到他的研究所去兼研究员，拨款给我，支持我校点《万历会计录》。对我健康的关心，就更为突出。有一次在杭州出差，工余之闲，他带我游西湖，步行九曲十三弯，登龙井饮茶。因为路途较远，我怕累坏了他，便建议乘车。他说不要，并语重心长地对我说："一个人的学问，不是一蹴而就的，需要长时间的磨炼才成，身体不好，就难以维持长久。"所以他每天都实行"万步走"，出街可以不坐车的就不坐车，自行走路。走路促进血液循环，帮助消化，增加食欲，身体自然健康。我不懂上龙井的路，他便叫我跟着他走。当进入西湖时，他吟了苏东坡的诗："欲把西湖比西子，淡妆浓抹总相宜。"上下梯级，他似小孩一样跳上跳下。我看到他年近八旬，心情舒畅，精神矍铄，步履矫健，十分高兴。当时，我很感动，并向他说，我以后一定注重健康，参加锻炼。他微笑着慈祥地看着我点头，表示相信我一定能做到。又有一年除夕的前夜，隆冬天气，寒冷异常，我到他家看望他。他见我打战，有冷意，便提醒我要穿够衣服，注意健康，并送我一对橡木的健康球，叫我带在身上，有空就拿出来练手握力，他示范给我看，并解释说："我祖父几代人都做健康球运动，简易可行，十分方便。你不要看不起这小小的健康球，转扭数次，十指都动，手肩渐热，促进血液循环，减少心血管毛病。我家的人都没有患上心血管毛病，就靠此球运动。"从此，我就拿着他送给我的健康球运动，至今不断。每天当我拿起他送给我的橡木健康球运动时，他的音容笑貌就历历在眼前，使我想起他对我的深厚情谊、对我的关怀和教育，令我永志不忘。

在他百年诞辰的时候，回忆他和我相处的日子，留给我印象最深的上面几件事，我如实地写出来，以窥他的优秀品行。他一生研究宋史，发表了两卷《求是集》和巨著《宋史艺文志考证》，创办了古籍文化研究所，并为学校图书资料的建设作出贡献，硕果累累，为人称颂。在教育上，他培养人才成绩斐然，从宋晞、徐规到张其凡，都是著作丰赡，成为国际宋史研究领域中的佼佼者。1990年，我校副校长王越教授为他写的一副挽联称："宣扬求是精神，两卷鸿文堪问世；树立过庭风范，一门史学有传人。"这真是他一生业绩的写照。今天我们纪念他，就要学习他生活俭朴、淡泊名利和关心他人的作风，学习他治学严谨的求是学风，学习他培养人才的言传身教以及艰苦创业的精神，与时俱进，为建设具有中国特色的社会主义现代化国家而奋斗。

（本文写作于2002年）

【作者简介】李龙潜，广东化州人。1956年中山大学历史系毕业。自20世纪50年代以来，一直从事中古史、明清经济史的教学与研究工作。暨南大学历史系教授、硕士研究生导师，曾任明清经济史教研室主任等职。著有《明清经济史》《宋元明清经济史》等。

暨南园的回忆

邱　克

　　我曾于 1985 年到 1988 年在暨南大学文学院历史系读博。20 世纪 80 年代在暨南园的生活，是一段非常幸运并值得回忆的宝贵时光。暨南大学的精神被归纳为十六字："忠信笃敬、知行合一，自强不息、和而不同。"我理解前八字"忠信笃敬、知行合一"是对每个暨南人个人品格和秉性的要求，忠诚笃实、脚踏实地、勤奋好学，把知识落在实处；后八字"自强不息、和而不同"是对整个大学风气的要求，积极向上，学术自由，具有极大的包容性。可以说，暨南精神一直鼓励着我，也塑造了我精神气质中非常重要的部分，让我受益终生。

因历史，与暨南园相逢

　　在国内，任何学习过中外关系史的人都应该知道暨南大学的朱杰勤教授。从 20 世纪 30 年代起，朱杰勤教授就开始撰写和翻译有关亚洲史和中外关系史的著述。新中国成立后，他将大部分精力用于中外关系史的教学和研究，对这一学科的发展作出了突出的贡献。1979 年，在中国历史学会规划会议中，他最早倡导成立中国中外关系史研究会。1981 年，他创立了暨南大学华侨研究所（后改称华侨华人研究院），是全国第一家研究华侨华人的综合性学术机构，在很长时期内也是这个领域最知名的学术机构。

第一次见到朱杰勤先生是在 1983 年夏天，我和山东大学同门师兄于化民利用假期沿着丝绸之路到甘肃和新疆考察。到了乌鲁木齐，碰巧遇到中亚文化研究学会召开第一次学术会议。朱先生作为学会的负责人，与马雍秘书长以及新疆考古所穆舜英所长等坐在主席台上。我俩不仅聆听了学者们的学术报告，还跟着代表去了天池和吐鲁番参观。在参观吐鲁番的路上，我跟朱先生请教过中外关系史的一些问题。没有想到他非常和蔼可亲，平易近人，给我留下了深刻的印象，至今还珍藏着一张在吐鲁番跟朱先生的黑白合影。

当时，国内研究生制度刚刚恢复，全国的博士研究生导师屈指可数，朱杰勤教授不仅是广东省唯一的历史学博士生导师，全国中外关系史专业也只有两位博导（另一位是厦门大学的韩振华教授）。即使以中西交通史研究见长的山东大学历史系，也没有这个专业的博士点。我非常希望以后有机会报考朱先生的博士生，但也不知道把握有多大。于是，1984 年底我利用实习的机会，来到安徽、江苏、上海、湖南和广东考察。

在长沙，我拜访了岳麓书社的总编辑钟叔河先生，他主编的《走向世界丛书》对我开阔眼界有很大的帮助，跟他的谈话也让我收获良多。湖南的冬天阴冷潮湿，还下着小雨。即使在室内也感到透骨的寒冷，手脚冰凉，令人不适。晚上从长沙乘火车去广州，第二天早上醒来，忽如一夜春风来，感觉来到了另外一个世界，不仅与北方各省冬季的冰封大地、朔风凛冽大相径庭，与江南冬季的阴冷潮湿也有着明显的差别。岭南温暖如春，树木葱茏，花香漫溢，气候宜人，实在让我意外惊喜。特别是第一次来到广州这座千年岭南名郡，古老而又充满活力的南国都会给我的印象非常美好，更加坚定了我报考朱先生博士生的决心。

广州市社科院历史研究所的章深（暨大毕业）和中山大学著名教授袁伟时的公子袁征（当时正在暨大跟宋史专家陈乐素先生读研）陪我在广州游玩了很多名胜古迹。中大历史系的蔡鸿生教授早年也是朱先生的学生，虽然是第一次见面，却对我热情恳切，抬爱有加。记得冬至之夜，他专门邀请我到他家吃晚饭，说广东人的习惯冬至大于年，不能让我一个人过冬至，着实令我这个来自遥远北方的青年游子非常感动。蔡鸿生先生曾这样评价朱先生："古籍洋书，并列案头，手不释卷，每当涉及中西互证，便能左右逢源。"他说如果可以跟随朱先生学习，是我的福分。

我记得从北京路乘公交车到了岗顶，在美丽的暨南园拜访了朱杰勤教授。朱先生见到我很高兴，说看过我写的文章，给予了很高的评价。他说话带着浓重的广东口音，慢条斯理，有条不紊，充满了智慧，听之靡靡，令人忘倦。他对我的鼓励，让我更加有信心去做报考的准备。功夫不负有心人，1985 年我以优异的成绩考取了暨南大学。

师恩恰似三江水， 一梦归流万里情

暨南大学当时隶属国务院侨务办公室领导，主要面对港澳和海外华侨的学生，是传播中华文化、沟通中西的桥梁，声教讫于四海，宏教泽而系侨情。暨大历史系创办于 1928 年，是当时国立暨南大学设立较早的学系之一。近百年来，除了朱先生之外，历史系先后有周予同、周谷城、陈高傭、沈炼之、谭其骧、陈乐素、金应熙等诸多史学大师任教，为国家培养了大批人才。

朱先生给博士生上课都在家里。在他称为"旷远楼"的客厅里面，学生们坐成一圈，听老师娓娓道来。他从不照本宣科，总是通过讲述他早年的教学和研究经历，对所讲专题提出自己的见解，传授他的治学理念和研究方法，发蒙解缚，开阔视听。他总说史学家不仅应该通古今之变，还要沟通中外，成一家之言。不仅要懂得中国史，还要懂得世界史和中外关系史。从中外关系史的研究中，说明中国在世界史上的地位和作用。每次讲完，大家一起讨论，畅所欲言，各抒己见。最后他再做讲评，并布置作业，让大家回去读书写作。

良师之外，还需益友。朱先生第一批中外关系史专业的博士生有丘进和郑海麟。我与纪宗安、高伟浓、袁丁、朱凡成为朱先生门下第二批博士生。除了历史系中外关系史专业，医学院眼科的李辰教授也带了一位博士生郭阿娟医生，比我晚一届。全校一共八位博士研究生。他们都是出类拔萃的人才，又都性情平和、和蔼可亲，给予我很多的帮助和支持，让我这个新生有一种宾至如归的感觉。

朱先生祖籍广东顺德，祖父是美洲华侨，晚年回国。父亲曾在马来西亚开过一间百货商店，读书不多，粗通文理，秉性慷慨，有不少知识界朋友，包括维新派康有为之人。小时由一位科举屡试不第的伯父教导，家学渊源，国学根底深厚，在处理历史文献时左右逢源、得心应手。

同时，朱先生在少年时期曾入英文学校学习，很早就熟练地掌握了英文，在研究中可以突破中文史料的局限。抗战初期，朱先生曾在云南昆明空军学校做翻译，20世纪40年代，被英国皇家亚洲学会马来分会吸收为会员。为了介绍外国史学者有关中外关系史的论著，朱先生翻译了《十八世纪中国与欧洲文化的接触》（利奇温著）和《大秦国全录》（夏德著）两书，这使他触类旁通、举一反三，往往能洞幽察微，发前人之所未发。

1933年，朱先生被中山大学研究院破格录取为研究生，在章太炎的大弟子、著名南明史专家朱希祖的指导下，研究中国古代史。从此，朱先生开始了史学研究和教学的生涯。他30岁以前主要研究中国史，30岁以后就侧重世界史了，最后以中外关系史为归宿。清代广东顺德出了几位研究西北史地及中外关系史的著名学者，如李文田、梁廷楠、何藻翔等，都有著作传世。朱先生对于这几位同乡老前辈钦佩已久，对他后来开始研究中外关系史也是颇有影响的。

中外关系史是一门难度较大的学科，早期不少研究者多沿袭传统的研究方法，往往侧重于中外史地的考证。朱先生自年轻时就认为中外关系史不仅需要对历史事实进行必要考证，更重要的则是着眼于中外经济、文化交往的研究，并注意与一些较大的历史问题相联系，形成了中外关系史研究较为完整的体系，这样才能深入揭示各种历史现象的内里底蕴，从中汲取历史的经验和教训。

1988 年，《羊城晚报》记者采访朱先生，我们几位研究生也被邀请前去跟老人家合影，后来刊登在《羊城晚报》和《广东画报》的头版。广州画家李国辉先生根据报纸刊登的我们与朱先生合影的相片，创作了一幅油画——《博士·导师》，据说还在画展中展出过。

1990 年 5 月 1 日，朱先生因突发心肌梗死住进暨南大学华侨医院，经抢救医治无效，不幸于 9 日下午去世，享年 77 岁。他的藏书由其家人全部捐赠给暨南大学图书馆，总计 4 000 余册，数量众多，门类齐全，自成体系。很多专著暨南大学图书馆都没有收藏，少数专业论著国内仅在国家图书馆和北京大学等著名高校图书馆有收藏。

自由而青春的氛围，是现代大学精神的基础

我在山东大学读了本科和硕士。山东大学位于齐鲁大地、孔孟之乡，民风质朴醇厚，教学严谨，学风浓厚，但同时也有些思想保守，安常守固。与此相比，暨南大学主要面对国际生和港澳生，有不同的文化碰撞，是一所比较包容并且鼓励学生发扬个性的学校。大学毕竟不是培训机构，应该是铸就完整人格的修养所，所以来到暨大有一种耳目一新的感觉。

当时的暨南园生机盎然，充满活力，五花八门的学生社团为年轻学子提供了多姿多彩的活动，校园文化与山东大学相比丰富而绚丽。但在暨大，每周末在"蒙古包"的舞会是雷打不动的，是非常正常的社交活动。在浪漫的音乐中，大家舞姿曼妙，洋溢着青春的气息。

暨大学生的演讲辩论也很有特色，大家自由讨论不同的观点，唇枪舌剑，如针锋相投，无纤毫参差。我旁听过几次辩论，感触很深，有些辩论的题目到

现在都有意义，如西方文化的冲击对中国现代文化发展的利弊，人性善还是人性恶，中国足球队成绩不好到底是球员不好还是教练不好等。辩论的过程对思维非常有帮助，可以增强理性思维能力，提高沟通效率和技巧，对任何问题都去思考相反结论成立的可能。在这种开放包容、不同意见正面交锋的竞争氛围中，学生们逐渐克服自卑和懦弱，建立自信，找到展示自我的舞台，提升自己的领导力和创新力，为以后进入社会奠定良好的素质基础。我深深感觉到，自由的氛围是现代大学精神的基础。没有自由精神的大学是没有灵魂的，不可能承担起培养人才的重任。

暨大的单车协会也很有名气，是暨南园里最活跃、最有影响力的学生社团之一。我还没来暨大之前，就听说过学校的单车队到北京宣传尊师重道的理念，为设立教师节起到了关键的作用。后来听说另外一支单车队，沿东南沿海一线"挥师北上"，经过一个多月的风餐露宿，3 300多千米的长途跋涉，最后到达北京。在沿途宣传交通安全知识、征集签名，直至将制定"交通安全法"、设立"交通安全活动日"的倡议书递交到国务院与公安部。这一行动充分展示了暨南学子的家国情怀。

在研究生宿舍楼下还有一个旱冰场，吸引了很多学生。滑冰技术比较好的大部分是港澳同学。看着他们优美的身姿，一会儿像海燕轻盈地飞舞在大海上空，一会儿又像展翅的雄鹰在碧空中乘风翱翔，看得我眼花缭乱，羡慕不已。后来英国朋友韩克图从香港带来一双连体的滚轴旱冰鞋，我也开始跟这些年轻的学生一起学习花样滑冰。滑冰是一项具有挑战性的运动，既要勇敢，也需要智慧。刚开始只能颤颤巍巍地扶着栏杆学步，离开扶手就不停地摔跤，只能跌倒了爬起来继续。虽然第二天双腿还是隐隐作痛，但因为有一种不服输的心理和不怕困难的精神，最后还是坚持下来，掌握了平衡的要领，可以自由地穿梭，做出一些颇有难度的动作。

在山东大学期间，虽然我在学业方面一直比较优秀，得到系领导和老师的认可。不仅被评为三好学生和优秀共青团员，研究生毕业也能够留校任教。但某些政工干部一直对我有些偏见，考进暨南大学之后，情况立即得到了改变。记得第一次见到历史系党总支书记魏乙生老师的时候，他问我为何不是党员，我都蒙了，在以前那种环境里，我从来没有想过这个问题，也是完全不可能的。但魏书记说，你这种德智体全面发展、又红又专的人才，就是我们党需要的，他马上表示愿意做我的入党介绍人（另外一位介绍人是我的师姐纪宗安）。1986 年底在历史系党总支办公室开会，参加者有魏书记、丘进、袁丁、郑海麟、杨蜀渝等，由庄友明主持，大家一致同意我入党。后来的转正是在文学院研究生支部进行的，除了博士研究生的同学朱凡、袁丁之外，还有些硕士研究生同学，记得有何龙、郑敏、钟小洛、李希跃、倪鹤琴等人。很多人平时交流不多，连名字都叫不上，但大家都踊跃发言，充满了热情和真挚的气氛。没有人空谈政治口号，都是从修养、气质和为人处事方面对我进行点评，而且是极口项斯，赞誉有加，让我深受感动，至今难忘。

暨南园， 大师之园， 英才之园

说起暨南大学的优良学风，其实应该从暨大的校史说起。从 1906 年创办起，暨南大学三落三起，五度播迁，始终屹立于时代潮头，主要就是靠着尊重知识、尊重人才，培植学术自由的优良传统。

"暨南六先贤"之一的郑洪年于 1927 年二次出山，继任暨南校长，将商科改为商学院，并在此基础上增加农学院、文哲学院、自然科学院、社会科学院和艺术学院五个学院，将暨南学校扩充为真正意义上的综合性大学，对暨南大学的发展、定型起到了重要作用。

在学术思想上，郑洪年一方面"独尊三民"，但同时"兼容百家"，认为"各种主义，亦可提出研究"，允许各种学派、不同团体的观点，各抒己见，自由阐发，让学生独立思考，判断抉择。在如此民主宽松的学术思想指导下，暨南大学经常邀请著名学者、作家和名流来校演讲，如鲁迅、蔡元培、马叙伦、胡适、李达、郑振铎等都曾应邀到校讲演。暨大学术氛围浓厚、气息活跃，甚至连当时被国民党当局视为洪水猛兽的社会民主主义思想和共产主义思想都在暨南占有一席之地。

1935 年，著名历史学家何炳松先生受聘任国立暨南大学校长。他也坚持学术独立，思想自由，对不同思想兼容并包，校方不干预教师和学生的政治思想，支持学生在课外从事和组织各种社团活动。在何炳松的领导下，社会各界对暨大也越来越看好。《东方杂志》撰文评论全国各类高等教育机构时指出，"广州的中山大学，上海的暨南大学，武昌的武汉大学，北平的清华大学都像春花怒放，成绩斐然"。由于他的宽容和保护，爱国学生运动逐步壮大，暨大也因此被称为"东南民主堡垒"。

1958 年，暨南大学在广州重建，广东省委书记陶铸兼任校长，王越被任命为第一副校长，受命组建暨大，为暨南大学的重建立下了汗马功劳。粉碎"四人帮"后，已经 70 岁高龄的王老被重新任命为暨南大学副校长。在他实际主政暨大时期，对培植学校的学术自由也非常投入。当时朱杰勤先生给学生讲授中西交通史，系总支书记随堂听课，觉得有些地方政治不正确，便召集学生表达自己的不同意见。朱先生知道了，十分不快，找到王越诉苦。王越认为系总支书记的方式欠妥，教学问题最好先和任教者坦诚讨论加深了解。再者，有些历史问题应容许有不同的解答，例如有些学者基本上肯定太平天国的伟绩，但有些学者着重批判太平天国所犯的错误。我们不应判定第二种主张就是反对农民革命。这在当时那种历史环境中也是殊为不易和难能可贵的。

暨大历史上之所以能凝聚和培养出众多人才，成为大师之园、英才之园，与暨大一贯以来的教育理念和学术环境有密切关系，加上郑洪年、何炳松、王越等掌门人的人格风范和学识思想在支撑和熏陶，一代又一代暨南人在这些教授、大师们的循循善诱和潜移默化之中茁壮成长，暨大精神也在他们营造的氛围中形成。

我非常喜欢暨大多元、开放、包容的氛围，也在其中收获良多。尤其是在暨大跟随朱先生学习的课程也是开放包容，中西兼备。既有马克思主义理论，也非常注重国外学术界研究的最新成果。这样就能够思想解放，融会贯通，视野开阔。即使后来没有走上专业研究道路，但对各种社会现象和文化现象的理解会更加深刻，从暨大获得的学术基本训练给我很大的帮助。

20世纪80年代中国正处在一个思想解放的重要时段，暨大也有各种不同观点和立场的学术讲座，其内容都比较新锐，在知识积累和思想成熟的层面上，给了我极大的帮助，能接触到不同的学派和不同的学术观点，从中获得很多原来比较单一式的教学所获得不了的知识。我本科学习考古，硕士期间改为中西交通史，比较注重实证和考据。来到暨大之后，在朱先生的指导下，开始从一个宏观的思维、中西方结合的角度去探讨问题，多学科的交融碰撞，往往在边缘处能发现新大陆。这样多维度的学习让我们的内心世界更丰富、更细腻、更立体，让焦灼不安的灵魂有宁静的港湾可以停靠。

一个人思路开阔了，就会逐渐形成自己的判断，不一定非要同意老师的观点，这是很自然的事情。比如我的毕业论文《英人赫德与中国近代外交》，选题最早是朱先生提出的。朱先生希望通过深入分析赫德的为人及其行事，记录赫德对中国主权的种种侵害，帮助人们加深对帝国主义的认识。但我在研究过程中发现很多中国近代的中外文化冲突，不能简单地归结于侵略与反侵略，应该从更高的维度来看待和评价中国与外部世界的融合。中国在反对侵略的同时，也面临如何近代化以及如何与近代世界合拍的问题，而不能继续奉行闭关锁国的政策。感谢朱先生的胸怀和雅量，也感谢暨南大学有一个宽松的学术环境，可以海涵地负，休休有容，允许学生跟老师有不同的见解，允许学生通过自己的理性去领悟真理。如果换一个时间或者场景，这是完全无法想象的。

　　记得博士论文的答辩由中山大学的汤明燧教授主持，参加者有余炎光教授、卢苇教授和黄启臣教授等。汤明燧教授十分赞同我的研究思路和阐述分析。他说："作者对赫德的评价，在把握其本质的同时，注意到他是一个复杂多变的现象。作者本着探索精神，尽量避免简单化和片面性，根据事实摆出负面与正面，既注意剖析其主观动机，也注意事物客观发生的社会效应，采取了较全面的分析方法。"论文答辩非常顺利就结束了。

　　后来我根据这篇博士论文出版了《局内旁观者——赫德》一书（陕西人民出版社1990年版）。1989年在《近代史研究》第3期发表了《试评汪敬虞先生的赫德与近代中西关系》，同年又在《近代史研究》第6期发表了《赫德与中国早期近代化1862—1874》（译文）。这些都在学术界引起了一定的反响。30多年来，几乎所有关于英人赫德与中国海关史的研究综述都会提及我在暨大期间所作的研究和思考。

　　在暨大读博期间，1986年中葡举行首轮关于澳门问题的会谈，引起了我的注意。1987年我发表两篇论文《英人赫德与澳门问题》和《英人赫德与中葡澳门交涉史料》，引用了原始档案等材料，勾勒出赫德与澳门问题的主线，得到了学术界的肯定。苏小兰于2010年在其硕士论文《赫德与中葡澳门交涉》称这两篇论文为"论述赫德与澳门问题较早的研究成果，对于研究赫德与澳门问题有重要的参考价值"，加深了学术界对帝国主义破坏中国在澳门主权问题的认识。（另见姚翠翠：《20世纪80年代以来国内赫德研究综述》，《许昌学院学报》2011年第1期）。杨秀云在其博士论文《赫德与晚清中外约章研究》提出，随着新史料的发掘和编辑出版，学界对赫德有了更广泛深入的了解，加上学术环境的宽松，一批学人对赫德的研究和评价趋向一分为二，"颇具代表性的有邱克、陈诗启、文松、张志勇、曹必宏、王宏斌等"。

　　抚今追昔，我从内心感恩暨南大学对我的培育、熏陶和塑造。暨大的校园有多大，学生有多少，在国内或者世界的排名如何，这些外在的东西对我并不那么重要。我看重的是在学习和研究过程中，暨大给我提供了一个相对宽松和自由的发展空间，在灵魂的生命里有了独立的思考和自由的表达以及超越历史的对话与交流，对我未来的发展也带来了润物细无声的改变。祝愿母校不断发展壮大，培养更多有智慧的爱国精英，成为乐观、自信、坚韧，无畏无惧、勇于接受挑战的一代新人，为民族振兴贡献更大的力量。

（本文写作于 2022 年）

【作者简介】邱克，暨南大学 1985 级中外关系史博士研究生。曾被聘为上海郑和研究中心特约教授，上海大学文学院历史系客座教授，上海大学博物馆兼职研究员，《博物馆新科技》副主编等。

蔡馥生教授寿高人品高

陈光耀

　　著名经济学家、暨南大学经济学院老院长蔡馥生教授年届九十高寿，值此喜庆之际，我深怀崇敬之情，祝愿他老人家健康幸福！

　　蔡老是一位德高望重，深受群众尊敬的老干部、老学者，我从 1959 年调来暨南大学工作开始认识蔡老，到 20 世纪 60 年代初期和暨南大学复办后的一段时期，又是在蔡老的直接领导下工作。由于工作关系，我和蔡老的接触较多，对蔡老的了解也逐渐加深。在几十年的共事中，蔡老忠诚于党的教育事业，坚贞不渝的革命精神，为人处事光明磊落，襟怀坦荡，热情关怀群众，平易近人的崇高品德，始终给我留下深刻的印象。

　　记得暨南大学经济系政治经济学专业创建之初，蔡老当时负责政治经济学教研室的工作。为了办好这个专业，培养出合格的马克思列宁主义经济学理论教学和宣传人才，蔡老呕心沥血，做了大量开创性的工作，奉献出自己的智慧和力量。他在担任经济系主任后，全面领导系的工作，工作十分深入细致。制订教学计划、编写教材、招聘教师、录取学生、建设图书资料室，以及改进教学内容与方法等，都亲自参与并具体指导。平时，他经常深入课堂听课，了解学生学习情况；到教师宿舍，找教师谈工作，广泛听取意见。尽管蔡老当时已是花甲之年，行政工作任务繁重，仍然不遗余力，不辞辛劳，亲自开课。先是承担"马列主义经典著作选读"课的教学任务，后又开设了"毛泽东经济思想专题讲座"，不断充实专业教学内容，得到学生的赞赏，也使教师受到很大的鼓舞。

1978年，暨南大学复办，蔡老主持经济学院的筹办工作，我亦是筹备小组成员之一。当时我们尚在中山大学工作，每天需乘公共汽车来暨大上班，往返途中转车两次。蔡老虽已年逾古稀，也同我们一起挤车，白天在暨大处理各项工作，晚上回到中大又找教师研究工作，从不感到疲劳。经济学院成立后，蔡老担任首任院长，任务十分繁重，当时，既要改造原有专业，又要加强新设专业的建设，而学院师资力量不足，课程设置困难，教材不全，面临的问题较多。蔡老为此四处奔波，多方联系，争取援助，并充分调动教师的积极性，集中优势解决突出问题，从而使各项工作得以顺利进行。蔡老在任院长的几年中，为学院的发展付出了大量心血，给后来的全面发展奠定了良好的基础。

蔡老为人处事的品德素为大家所敬佩。他秉性正直、不谋私利、刚正不阿、坚持原则。他一贯以来对重大问题绝不含糊，敢于坦陈己见，畅所欲言，既不隐瞒自己的观点，也不为各种影响而轻易改变自己的意见，充分表现了一位老党员无私无畏的原则立场。他严于律己，处处以身作则，对错误的思想行为，不论是谁，都不留情面地严肃批评。他对工作注重实效，不追求形式，更反对弄虚作假、阳奉阴违的不良现象。他对同志满腔热忱，关怀备至，对新来的教师总是要亲自去看望，具体了解安顿情况，并帮助解决实际困难。平时，哪位教师生病，蔡老也必定亲自上门问候；每年春节之际，他还挨家挨户表示祝贺，使教师们深受感动。

【作者简介】陈光耀（1932—2018），经济学家、华东师范大学国际金融专业创始人。1959年部队转业后一直在暨南大学经济学院任教，暨南大学经济学院原党委书记，教授。

陶铸校长（前排左五）、杨康华校长（前排右五）与外贸专业 1965 届毕业生合影

1963年秋，陈序经校长等学校党政领导到南海县平洲公社探望在当地劳动锻炼的外语系师生。后排左起：王越、罗戈东、陈序经、聂菊荪、余以平、黄受初、曾昭科、梁植、钟业坤；前排左起：杨秀珍、徐学娴、龙春娱、谢秀芳、魏吉玉

1960 年 7 月梁奇达与数学系学生合影

医学院旧教学楼

萧　殷

陈乐素

詹伯慧

蔡馥生

1997 年饶芃子教授与第一位博士生余虹（左）、李观鼎（右）合影

朱杰勤教授（右二）与邱克（右一）等学生合影

第 三 章

忆同学少年

追往昔之事

回忆暨南的学习生活

马兴中

我是 1961 年从广东省潮阳县峡山中学（现二中）考进暨南大学中文系汉语言文学专业的。学制五年，1966 年 7 月毕业。因"文革"滞留学校，直至 1968 年 8 月才进行毕业分配。我在暨南大学度过了 7 年的大学生活。回忆往事，至今仍历历在目。

初到暨南园

1961 年，潮汕地区发生大水灾，公路受到严重损毁，一时未修复。因此，潮汕地区考上广州市各大学的学生都集中到汕头市乘海轮前往广州。我是第一次乘海轮。轮船刚起航时，风平浪静，海水是湛蓝色的，一望无际，海天相接。当轮船远离海岸线，真正驶入大海之后，风浪渐大，轮船开始颠簸，多数人晕船，有的甚至呕吐起来。原来生龙活虎的学生们，大都只能躺倒休息。开饭时，吃的是鸡腿饭，在经济困难时期这算得上是上等美餐，但只有少数人能享用。多数人只能看饭兴叹，无法消受。

轮船抵达广州大沙头时，是第二天下午两三点钟，当时公共汽车很少，而坐人力三轮车要 12 元，这在当时不是小数，我们是从农村来的穷学生，根本坐不起，大家决定步行去学校。从大沙头到学校有十多里路，我们的行李都很少，步行十多里路根本不在话下。于是到石牌地区各大学的同学结伴而行，一边问路一边走，并不辛苦。在下午四五点钟到达学校。我到达暨南大学这一天，是农历八月十四，学校开学已一个月了。住宿的地方早已安排，虚位以待。同班的同学带我安排好住宿，休息片刻后，又带我到学生饭堂打饭。生活委员赵绮华同学给我送来了一个月饼和一张加菜票。我初来乍到，不知道加菜票是何时用的。第二天午饭时，才拿出来加菜。厨房工人说："这张票是昨天晚餐加牛肉的，现在没有牛肉了，就给你猪肉吧。"我说："我是刚到校的新生，不知道这张票是昨天晚餐用的，给猪肉也一样。"

新的学习生活

我们班有四十多位同学，大多数是侨生，尤以印尼侨生为多，也有香港学生，还有少数内地学生。全校的女生集中在两座三层楼住宿，男生按系按年级安排住宿。每间房约 20 平方米，放 4 张两层的碌架床，共 8 个床位，安排 7 人住宿，空出一个床位给大家放行李。侨生和内地生混合住宿，彼此朝夕相处，感情融洽，不存在什么隔阂。宿舍的卫生，包括冲洗厕所，都是学生自己动手。

读一年级时，我们在旧学生饭堂（现侨生楼真如苑 24 栋地段）用餐。1962 年，学校建成了四座富有特色的蒙古包式的学生饭堂（现邵逸夫体育馆地段），并建有连廊，可以相通。每座饭堂可容纳数百人用餐。用餐时八人一台，一般是四菜一汤。有的同学因事不能按时来用餐的，由同台同学留饭。早餐一般是馒头、面包或炒河粉加一碗粥。大家一起吃饭，就像一家人，亲密无间。大学生的伙食标准是统一的，每人每月 12 元。经济困难时期，物资匮乏。暨大是华侨大学，副食品供应比其他大学好一些。每逢节日，或陶铸校长来校作报告或视察工作，都有加菜，经常是每人加一大块腊肉。学校为了照顾华侨、港澳学生，在礼堂后面的平房开了一间餐厅，名曰"南洋馆"，只供华侨、港澳学生用餐。当时内地师生并没有人认为这样做有什么不合理。

随着国家经济的逐步恢复和发展，政府对高等院校的副食品供应也逐步有所改善。1964 年，毛主席了解到大学生的体质有所下降，决定把大学生的伙食标准提高到每人每月 15 元。陶铸校长此时身兼中共中央中南局第一书记和广东省委第一书记，他对暨大这所华侨大学始终非常重视和关怀。1964 年他决定暨大首先实行大学生吃饭不定量。从前每个大学生每月供应粮食 30 斤，由于当时食油、肉类供应少，大家的饭量都很大。对女生来说，30 斤粮食是够的，但对男生来说就不够了。当时打饭，都是到窗口前排队，由工人分饭。自从实行吃饭不定量后，改用大木桶装饭，抬到饭厅，每次根据自己的饭量打饭。当时的大学生十分注意爱惜粮食，谁也不会因不定量而多打饭或随便倒掉饭。同学们都深刻认识到"须知盘中餐，粒粒皆辛苦"。

在 20 世纪 60 年代，虽然物质生活较为艰苦，但暨南园里学风浓郁，同学们精神奋发，包括许多华侨学生回国升学，也是准备将来参加祖国建设的。绝大多数同学都能自觉、勤奋学习。任课教师经常到学生宿舍，解答同学们提出的疑难问题或对学习有困难的同学进行个别辅导。政治辅导员住在学生宿舍，每天早晨带领大家出操，经常参加班级活动，和大家一起劳动。同学们在思想上、学习上互相帮助，共同进步。

我进暨大读书时，香港知名人士王宽诚先生捐赠人民币 100 万元建设的教学大楼已竣工交付使用。教学大楼是"凹"字形，整体四层，但正门部分是五层；最高层是两间面积各为数百平方米的课室。教学大楼雄伟壮观，总建筑面积为 13 200 平方米，在广东省高校中首屈一指。我们从一年级至五年级都在教学大楼的课室上课。各班固定使用课室，每天上完课后都是由学生打扫干净。

20 世纪 60 年代初，中央总结了"大跃进"的教训，提出了"调整、巩固、充实、提高"的方针，纠正了"左"的错误，使国民经济逐步得到恢复和发展。这时高等学校也纠正劳动时间过多、忽视文化课的偏向，强调打好文化科学知识基础，提高教学质量，培养又红又专人才。我们在整个大学阶段学习了二三十门课程，包括公共课、专业基础课和专业课。为了提高教学质量，高教部还组织全国著名专家教授编写了一批供全国高校统一使用的教材。教师们教学十分认真，对学生要求也很高，不仅要求我们学好教材本身的内容，还经常开列不少书目，让我们利用课外时间进行阅读。在大学期间，我读了许多中外古今名著。有的课程还组织我们观看有关戏剧电影，并撰写评论文章。教师们教课都着重培养我们理论联系实际的能力，如现代汉语课不仅学语法、修辞，也学汉语拼音。本来我们在中学时早已学过汉语拼音，但是来自方言区的学生有的发音并不准确，于是我们在大学重新学汉语拼音，着重学习、掌握标准的发音。所以，汉语拼音的考试，不仅有笔试，也有口试。口试时，教师针对不同方言区的学生，让学生朗读容易发错音的词句，如潮汕学生把"发言"读为"发扬"，广州方言区学生把"上午"读为"像午"，客家学生把"伙食"读为"Fo食"，福州学生把"南方"读为"蓝方"等。经过重新学习汉语拼音后，同学们讲普通话都有了进步。

进入大学，就像进入知识的宝库，深感有许多知识需要学习。我们不仅认真学好各门课程，而且充分利用课堂以外的时间，如饥似渴地学习，不断充实、提高自己。每天早晨我们出操之后，都进行早读，暨南园里到处都是早读的学生。中文系学生早读，主要读古典诗词、古文或外语。其他课余时间，我们除参加体育锻炼外，都用于复习功课和读书。

学术文体活动

中文系是全校学术活动最活跃的一个系。系里经常邀请一些著名作家来作学术报告，如著名作家张天翼、陈残云、秦牧等都曾应邀在教学大楼五楼大课室作报告。听讲学生很多，大课室座无虚席。

中文系学生成立了不少学术团体，全系的有红雨诗社、春风书法会，各年级也成立了文学社、戏剧社，我们班成立了南潮文学社，经常出黑板报，刊登同学们的文章、诗词以及书法、篆刻作品。各种稿件均用稿纸书写，书法、篆刻作品则用宣纸。黑板报成为同学们学习的重要园地。

学术团体中，以春风书法会参加人数最多，影响最大。春风书法会成立于1963年，聘请古文字专家、书法家马国权老师为指导老师。他每次讲书法课，听课的学生很多，讲授内容是执笔、运笔以及谋篇布局的方法，给每一个会员发一本讲义。他还经常指导会员练习书法。中文系学生学习书法蔚然成风。有一次马国权老师把他珍藏的书法作品在一间大课室展出，给我们参观。大课室四周的墙壁挂满了书法作品，琳琅满目，美不胜收。其中有郭沫若、沈尹默、田汉等名家书赠马国权老师的书法条幅。书法会还举办书法比赛，由马国权老师评定一、二、三等奖的作品，我得了一等奖，奖励了一本字帖。书法会成立时，由刘炳麟任会长，卢绍武和我任副会长。刘炳麟毕业后，由卢绍武和我先后任会长。

暨大是华侨大学，华侨学生多，文体活动特别丰富。暨大文工团以东南亚歌舞闻名遐迩，不但在校内演出，而且经常承担外事的演出任务，在重要节日或一些周末还举办舞会。四个"蒙古包"，既是学生饭堂，把饭桌搬到外面，冲洗干净，又是最好的舞厅。舞会一般是跳交谊舞。老师、学生都踊跃参加，附近大学的学生，甚至商店的职员也有一些人参加。1964年至1965年，学校在全校学生中开展普及交谊舞的活动。我们班学生也利用课余时间，学习跳交谊舞，有时学校领导也过来和我们一起跳舞。中央宣传部副部长周扬来暨大视察工作时，也曾参加过暨大的舞会。

我们班还曾组织游览白云山、东湖公园、东郊公园等处，以调节紧张的学习生活，享受大自然的风光。

劳动课

在大学阶段，学校认真贯彻教育与生产劳动相结合的方针，安排学生参加一定时间的劳动，使学生树立劳动观点，把学生培养成为又红又专、亦文亦武的人才。劳动课并没有评定成绩，但同学们都能自觉参加劳动锻炼。在一年级时，我们班曾到广州河南磨碟沙农场参加劳动，历时一个月左右。农场的面积有两三百亩，有水田，也有鱼塘。在珠江边的堤上和田基上，种了许多荔枝树和香蕉树。该农场是学校水产系（后改为生物系）的试验基地，曾进行鲢鱼、鳙鱼人工孵卵的试验并取得成功。1960 年水产系领导出席了全国教育战线群英会。我们在农场劳动主要是插秧，也帮忙摘荔枝和干其他工种。

以后是每周参加一定时间的劳动，开头是每周劳动一天，后来减少为半天。劳动并没有固定工种，而是根据实际情况作安排。20 世纪 60 年代初经济生活困难，我们班曾在学校山脚下的一片荒地上种了南瓜、番薯等，还利用劳动时间种树、修路、铲除杂草、搞环境卫生、到厨房帮厨、到图书馆做杂工等。当年暨大楼房不多，树木也不多，我们在校园里栽种了许多树木。现在暨南园里树木葱茏，林荫蔽道，有很多树都是我们当年种的。我们铲除杂草时，见到有稚嫩的青草，就用镰刀割，用手推车推到明湖，投放进湖中喂鱼。到厨房帮厨，主要是帮忙洗菜、洗盘碗、搞卫生，有时帮忙喂猪。那时，学校在明湖边（现真如苑 25 栋地段）建了一排猪舍养了不少猪。在重要节日，厨房就杀猪给师生加菜，包括明湖养的鱼，主要也是用于节日加菜。劳动时间搞卫生，是在校园里搞环境卫生。至于宿舍、课室的卫生，则是实行轮值制。到图书馆（设在现总务处等单位的办公大楼）帮工较少，有一次我到图书馆帮工，发现有一本名为《中西历两千年对照表》的书，感到非常高兴。因为直到此时为止，我只知道我的出生日期是农历六月初二，不知道新历的日期。于是我便查阅了这本书，才第一次知道我出生日期是新历七月五日。此后凡填写履历表，我都用新历的日期。劳动地点基本在校内，只有一次到郊区岑村劳动了大约一星期。至于 1964 年下乡参加四清运动，和农民同住、同吃、同劳动，那都不属于正常劳动课的范围。

老师和同学

我到暨大读书时，是暨大在广州重建后的第四年。当时青年教师居多，师资力量不算强。陶铸校长非常重视师资队伍的建设，想方设法从广东各有关院校和全国各地调进骨干教师，延聘了一批著名专家学者到暨大任职任教，如陈序经、王越、何家槐、郭安仁（丽尼）、萧殷、朱杰勤、黄焕秋、卢文、熊大仁、廖华翔、张恒遇、蔡馥生等。中文系的教师中有作家、诗人，以及长期从事文化工作和新闻工作的老报人、新闻记者等。他们在教学中都十分强调理论与实际相结合，着重培养学生的实践能力。如艾治平老师教写作课，非常强调写作实践，强调要多写多练。杨嘉老师教我们文学评论，组织我们看了现代戏《红灯记》，并写文章进行评论，还结合当时文艺界讨论的一些问题，写文章发表各人的看法。曾敏之老师教"鲁迅作品选"，分析透彻，深入浅出，引人入胜。教逻辑学的李匡武教授是著名的逻辑学专家。本来逻辑学是一门比较枯燥的课程，但李匡武教授讲课时，抓住重点难点，不仅讲得条理清楚，便于掌握，而且紧密联系实际，讲得很生动。萧锡麟老师讲授欧洲文学史，我们就像被带进了欧洲文学的殿堂。在学习外国文学史时，我们也观看了一些有代表性的电影，并写文章进行评论。当时的任课教师不仅在课堂上认真讲课，而且很重视在课堂以外关心、指导学生，使我们在学业上不断进步。

同学之间，包括侨生与内地生之间，男生与女生之间充满同窗情谊，团结友爱，互学互帮，共同进步。特别是 1963 年毛主席号召"向雷锋同志学习"，在全国开展学习雷锋的活动之后，我们更是把帮助他人视为乐事。我们经常到教学大楼课室复习功课或看书，有时也在宿舍学习。同学之间经常切磋学问、讨论问题，学习好的同学主动帮助学习有困难的同学。我是班上的学习委员，学习成绩比较好，英语我也是读甲班。当时学习苏联实行五分制，我多数课程都是五分。我和班里同学关系比较好，和侨生、香港学生的关系也很融洽，经常和他们商讨学习中的问题。同学们在思想上、生活上也是互相关心、互相帮助。男同学的衣服破了，都是女同学帮忙缝补。当时许多印尼侨生是印尼排华时回国的，他们准备在国内定居，因此带来许多行李，包括衣物、食品。尤其是女同学，她们的父母连结婚用品也给备好了。为此学校专门设立行李仓库，供侨生存放大件行李，每周定期开放。那时不少印尼女生都有缝衣车，她们发扬助人为乐的精神，长期帮男同学缝补衣服，同学之间就像兄弟姐妹，充满亲情。

有的侨生带多少物品回国，连自己也不十分清楚。1970 年暨大停办，但仍有个留守组处理善后事宜。那时我在广东中小学教材编写组工作，在文德路华南师院接待站办公。有一天接到留守组的电话，说我同班同学沈玉霞仍有四麻包袋物品未领回，要我帮忙通知，我即写信给沈玉霞。不久，她给我复信，说她和她丈夫一起到广州领取那四麻包袋东西，打开一看，大都是食品，已经霉烂了。她回国时家人帮托运行李，她不知道有这四麻包袋东西，所以离校时没有领出来。从这件事，我们可了解到印尼排华时侨生回国的一些情况及其家人的心情。每逢政治时事学习讨论，都是女同学到男生宿舍来，分小组进行。劳动和其他一些活动也以小组为单位进行，吃饭也是同小组在同一桌。同学之间，每天在一起机会多，互相交流，互相了解，彼此关系比较好。我们小组的组长邓秋云，是印尼侨生。她工作认真负责，坚持写小组周记，把小组一些重要活动和事项都记录下来了。

整个班集体，就像一个大家庭。不论来自国外还是来自国内，来自城市还是来自农村，都不存在什么鸿沟或隔阂。我来自农村，并不觉得比别人差，许多同学对我都很好。虽然我的经济很困难，但我从没有对同学说过。有的侨生和香港同学可能从日常交往中觉察到这一点，所以买了一些书赠给我，如许慎的《说文解字》，刘勰著、范文澜注的《文心雕龙注》，王力的《诗词格律》等。这些书我至今仍保存着，这是同窗友谊的见证。当然，当时由于"左"的思想影响，有个别人可能对一些家庭出身不好的同学存在一些不正确的看法，但那不是主流。1966 年 6 月学校开展"文革"，班里的同学也被卷进这股洪流中，分别参加不同群众组织，持有不同观点，谁都认为自己是"革命派"，别人是"保守派"，昔日团结和谐的关系受到严重破坏。直到 1968 年 8 月进行毕业分配时两派对立情绪还很严重。

但是，随着历史的发展，中央对"文革"早已作了结论。同学们走向社会已经 30 年，在生活、工作上经历了许多磨炼，对那场运动已有清楚的认识，同学之间的对立情绪也随之烟消云散。1996 年 6 月 15 日，母校举行建校九十周年盛大庆典，我们班有 40 位同学回母校，举行毕业三十周年聚会。大家一起重温昔日美好时光，仿佛回到学生时代。会后还编印了毕业三十周年纪念册，我们永远在脑海中保留对大学时代学习生活的美好回忆。

（本文写作于 2001 年）

【作者简介】马兴中（1940—2021），广东潮阳人。暨南大学 1961 级中文系。暨南大学学校办公室原主任，校友总会原副秘书长。长期从事校史研究与编研工作，著有《暨南往事》等。

我与暨大的 50 年

胡安泰

1964 年我考入暨南大学经济系，就读政治经济学专业，先后师从蔡馥生、张元元、何永祺等老师。入校后的第一节课是蔡馥生老师上的。他给我们讲学校、讲专业、讲未来，鼓励我们珍惜来之不易的机会。系主任的第一课深深映在我的脑海里。

1965 年升入大二，在学习马克思对"泰勒血汗工资制度"批判时，我写了一篇学年论文《在资本主义条件下对劳动的监督管理包含有劳动因素》，受到了张元元老师的赏识，介绍给系主任蔡馥生教授，后由学校刊发，并加了肯定的编者按，引导同学们展开正确认识资本主义的讨论。可以说这是我发表的第一篇经济学文稿，也是在这一年的秋天，印度尼西亚总理兼外交部部长苏班德里约到中国访问，周恩来总理一行到广州白云机场迎接，我被选为学生代表到机场排列在欢迎的人群中。在飞机到达前，周总理绕场与欢迎的学生见面。这是我第一次近距离见到我崇敬的党和国家领导人。

在我进入大学的第三年，"文革"爆发。开始我随串联的人流到上海、北京。8 月 31 日，在天安门广场聆听了毛主席的讲话。返回广州后与同学卢伯治、郭亦锋等五人组成长征队，北上到江西瑞金、井冈山，湖南长沙、韶山，广西南宁、柳州。记得在湖南和广东交界的一个叫道县的山村，冬天我们一行落脚在山中一个猎人的茅舍里，睡在火塘边，听老人讲山里的故事，此情此景，至今难忘。到 1967 年春节后，我们结束长征返回广州。长征沿途的艰辛和快乐让人回味无穷。1967 年春夏之交，周恩来总理到广州敦促"抓革命、促生产"和"复课闹革命"，在广州珠江宾馆接见群众时，发表了感人肺腑的讲话。我有幸参加，再次零距离与总理见面并握手。形势的发展让人沉思。在从开始的躁热中冷静下来后，我"逍遥"地一头扎进了学校图书馆，从尘封积厚的旧报刊中一点一滴地寻找毛泽东有关经济方面的论述。花费了约两年时间，分九册编印了《毛泽东同志论社会主义经济》一书。该书 10 万余字，从中国土地革命战争开始，到"文革"止，收集整理毛泽东各个时期对中国经济，特别是社会主义经济问题的论述千余条。虽然是油印的出版物，但它作为对毛泽东经济思想研究的重要参考材料，印发后受到社会关注。四川某大学闻讯专门来信索讨。该书已成为中国人民大学、北京经济学院、暨南大学等高校及有关研究院所的藏书。此项工作为我 1993 年完成纪念毛泽东诞辰 100 周年承担的课题"毛泽东财政金融思想论纲"奠定了基础。该课题填补了毛泽东思想研究在金融方面的空白，被湖北省社会科学联合会评为纪念毛泽东诞辰 100 周年论文一等奖，并排列在第一名。1969 年我大学毕业，留校待分配，此期间到广东佛山、湖南洞庭湖畔经受社会实践"锻炼"，其间，暨南大学经济系合并于中山大学，组成中山大学经济系。1970 年 8 月我被分配到广东韶关糖专公司当业务员。1972 年我结婚后为解决夫妻两地分居，于 1973 年调回湖北，临离开前我专程回广州，想再看看我的母校。令人遗憾的是母校被军医大所占。后到中大看望老师，何永祺教授热情款待我们夫妇，在中大住一晚后，返回湖北。

1978 年，暨南大学复校，百废待兴，特别是师资力量十分缺乏，1980 年在原经济系基础上组建了经济学院。当得知我在银行工作多年时，1981 年，经济学院首任院长蔡馥生教授给我来信希望我能回母校工作。在张元元教授的多方奔忙下，母校给银行发来了商调函，经做工作，沙市方面同意放行，档案发往暨大。但省行得知后，在关广富行长的"干预"下，档案迅速被追回。后来关广富委托省人民银行副行长刘振陆专门请我去武汉谈话，说明不放行的原因，并征求我的意见，如愿意留在湖北，可向武汉大学和中南财经大学推荐。就此，回母校的机会丧失了。

1986年母校建校80周年，我离开17年后第一次回到学校，心情特佳，专门拜访了蔡师。83岁的老人十分动情，口中不断念着我的名字，师生两双热情略带颤抖的手紧紧握在一起，久久没有放下。不想这竟是我与蔡师的最后见面。再看望张师时，时任经济学院院长的他，对学生吐露了心声：经济学院要博采众家之长，形成风格独特的暨南学派。张师的这一宏愿久久留存在我的心中。

1990年，我与人合著的《银行业务管理》由中国金融出版社出版，请张师作序，他欣然提笔书写了一千多字的"序言"，给作者以极大的鞭策。1991年我的第一本专著《金融六论》出版，请他题字，他在百忙中题写了横竖两幅让我选择，张师的认真和爱惜学生之举让人难忘。

1994年，我热烈响应校友总会向海内外校友发出捐资兴建校友楼的倡议，汇出一个半月的薪金，表达了心意。1996年，我第二次回校参加90周年校庆，看望张师，他告诉我，我的舍友深圳大学曹龙骐教授被聘为客座教授，我为之高兴。1999年10月，我第三次回母校参加1964级经济系同学毕业30周年聚会，没想到这一次与张师见面，竟是我们的诀别。这一年《大视角》杂志采访我，刊出了《追求卓越》的文稿，《暨南校友》全文给予转载。

2001年11月，我第四次返校参加95周年校庆，被选为校友总会理事。2003年在湖北省第九届政协全会上，与校友总会会长马有恒学长相遇，他是我同系同专业的校友，互相问候，谈起在母校读书的日子，交谈甚欢。

为了向母校百年献礼，当年我许下了三个"心愿"：编写介绍母校、宣传母校的小册子；倡议在母校树六尊对学校作出杰出贡献的先贤塑像；写一本关于母校的电视文学剧本。从2003年5月开始用半年时间完成了《暨南往事》一书的编写，24万字，请暨南书法家陈初生先生题写了书名。在得知母校也要出同一本书后，我以内部印发赠送给各地校友会及有关部门、个人。2004年11月16日我向母校寄去了《"树六先贤塑像"的倡议》，《暨南校友》刊出后反应热烈，学校将此作为迎接百年华诞的主要内容之一。百年校庆时，"六先贤铜像揭幕仪式"在学校图书馆举行，我应邀出席，第二个愿望也实现了。2005年开始我进入《郑振铎在暨南大学》剧本的创作，共五集。写到第二集时，收到陈默学长的来信，详细为我分析了电视剧拍摄中的种种困难后，建议我写像他拍的《暨南春秋》那样的文献纪录片。让人欣慰的是，由母校拍摄的《百年暨南》圆了我第三个梦。

2006年4月，我到湖南凤凰县旅游发现了三张相片与暨南有关，即端方从西欧考察回国时与同行的合影、原暨南名女教授毛彦文的近照及与熊希龄婚后的合影，颇为珍贵，一一拍下寄给学校，三帧相片在《图说暨南》书中被采用。

2006年11月16日，我再回母校，参加第三届校友总会理事会。18日上午与来自114个国家和地区的暨南校友共同见证了母校的百年庆典。第二天1964级同学聚会。南方报业集团董事长、我的同班同学范以锦将他45万字的《南方报业战略》签名赠送，我读后掩卷沉思，拟写了《范以锦与他的南方报业集团》一文，被《暨南校友》发表。

2010年暨南经济学院成立30周年，应邀我与内人10月30日抵达母校。当晚张志副书记专程前来看望。夜晚的暨南宁静、温馨，我在学校"漫游"，多美呀！母校，引起我思绪万千至深夜才归。31日庆典会后，经济学院三位研究生专门来访。我与学弟学妹们一一合影，并将我带给学院的"礼品"——10本经济学著作请他们转赠学院。

2012年12月29日，我再次返校参加第四届校友总会理事会，接受了新的理事聘书。在会中，我与林如鹏副校长交谈甚欢，此后保持了与母校领导的联系。2013 年 10 月，林如鹏副校长惠赠《暨南大学年鉴》五册。阅后，为母校的进步发展欢欣鼓舞。我曾给学校建议将"暨南大学概况"栏目中"杰出校友"的内容大力扩充以充分反映暨南教学成果和社会影响，得到林副校长的充分肯定，并表示在续后的年鉴中采纳。

与母校结缘五十年，"暨南"二字在我心中的分量无比厚重。"暨南"，在我心中格外美!

（本文写作于 2015 年）

【作者简介】胡安泰，湖北荆州人。暨南大学 1964 级经济系。曾任湖北省政协委员、荆州市政协副主席等职，享受国务院政府特殊津贴。先后出版了金融专著《城市金融改革与发展》（合著）、《银行业务管理》（合著）、《金融六论》等，并著有《暨南往事》。

艰苦岁月的记忆碎片

黄卓才

百岁暨南，万千辉煌。不忘过去，才会珍惜今天。三年困难时期的艰苦岁月，我们这一代师生有幸与母校同甘苦、共患难。正因此我们有资格说自己是"暨南人"。

南洋馆

1960 年冬天，礼堂后面的平房里有一家校办小饭店悄悄开张，一时顾客如云，饥肠辘辘的学生来这里吃一碟炒牛河，或者叫一碗上汤斋粉，填补肚子的空虚。这家小饭店凭侨汇券供应，顾客绝大多数是华侨、港澳学生。而当时的侨生，又主要来自南洋。于是，小饭店被戏称为"南洋馆"。

1959—1961 年，粮食、副食品和日用品奇缺。知识分子和大学生虽然受到国家特别照顾，但配给的东西有限，仍然难抵饥饿和疾病的折磨。

南洋馆是校领导梁奇达的一大创意。他是党委书记兼副校长，珠江纵队出身的"老革命"。看到不少教师、学生因营养不良患上肝炎、水肿，有的为此被迫停学或退学，他愁肠寸断。利用抗日战争、解放战争时期游击根据地的老关系，他带领学校后勤干部下乡求购粮油肉类，搜集副食品，用来改善师生伙食；他同时想到侨生手头有侨汇券，可以把它收集起来，买些侨汇商品给他们办个小饭馆……

南洋馆受到了广大师生的欢迎。艰苦岁月，虽然囊中羞涩，这里还是门庭若市。直接受益的华侨、港澳学生对梁校长更加感恩戴德。可叹的是，后来梁书记被扣上"右倾"的帽子，凄然离开了他苦心开拓的暨南园。这叫做："师生得福，书记当灾。"但他办的实事、好事，大家记得。

萧殷理发

"谁会理发？谁会理发？"年轻的班主任在宿舍走廊里高声呼喊。

原来，系主任萧殷教授要找人帮他理个发。

同学们一下子把我推出来，说是"最佳人选"。

他们没有说错。1958年，我们中文系师生在广州市郊江村的流溪河边大炼焦时，男同学理发都是我包干的。其后几年，在男生宿舍，我也是互助理发的主角。但今天的服务对象特殊，我不免有点紧张。要知道，我们中文系的萧殷主任可是个大人物，全国大名鼎鼎的文艺理论家、作家，延安过来的"老革命"。

好在我了解他，平易近人，没有架子。带齐工具，我来到了位于明湖南面小山上的绿色别墅宿舍——现在的南湖苑教工住宅区，当年，全校最高级的宿舍就在这里，别墅里住的是校长、系主任和知名老教授。每栋别墅两层，每层一户至两户。

"萧主任——"我还在叫门，他已经迎出来了。"啊，是卓才，快，给我理理发。我要到中南局去报到。"

中南局？一个管广东、湖南、湖北等六个省和广州、武汉两市的大机关！

一边理发，一边聊天。萧主任告诉我，是陶铸书记（中南局书记、广东省委书记，兼暨大校长）调他的，去当文艺处处长。

我毕竟惶恐，怕野生的理发技术有损上任新官的形象。我问他怎么不去石牌理发店或者校内的理发室。他感叹工作太忙，实在顾不上。"不要紧的，随便剪短点就行。"他鼓励着。

他给我讲自己的长篇小说《多雨的夏天》的创作情况，让我放松神经。随着故事情节的展开，我慢慢进入佳境，推推剪剪变得顺手了。

剪完，我要给他洗头。找到煤炉，正准备生火。他看看表，说："来不及了，就用暖水瓶的热水吧！"

热水只有半瓶，我不敢用香皂，怕过不干净，留下香皂味。萧主任没有意见。

"创作不能马虎，理发可以随便。"他用这句话与我告别。好像是总结，似乎深含哲理。

那是 1961 年的事情。

恋爱闹钟

故事发生在 1959 级中文系。一位姓谭的侨生和同班姓郭的女生恋爱正谈得火热。每逢周末，明湖边、教学大楼的草地上都有他们成双成对的身影。他们每次约会，都由小郭带一张旧报纸去。两人同坐一张报纸，当然亲密得很。糟糕的是容易泄密——第二天早上，同学发现报纸在哪里，就知道他们在哪里约会。一审，不由得他们不认。

那年头，肚子虽然空虚，恋爱还是要谈的。现时明湖边的第三、第五学生宿舍，那时是两栋三层楼的苏式建筑，分住女生和男生。中间有一座凉亭，就是当年爱侣约会的最佳地点。如果是艳阳天，凉亭周围晾满了印尼女生带回来的嫁衣以及为未来孩子准备的小衫裤。宿舍里这边传来"哎呀当，哎呀当，当当哎呀当"的客家情歌，那边有"哎呀，妈妈"的东南亚民歌相应和。此情此景，无疑给情侣们营造了有利气氛。

当年暨大没有研究生，但侨生年纪普遍偏大，调干生更不在话下，内地生也有做了父亲才来读大学的。既已到了"男大当婚、女大当嫁"的年龄，谈谈恋爱不过是小菜一碟。

问题是小郭多情，每次约会总是半夜不归。回来时不敢开灯，尽管小心翼翼，不免还是把椅子、脸盆碰撞得叮当响，吵醒一屋子人。

舍友于是合计，设法捉弄小郭。年轻人嘛，总有点调皮捣蛋。

那一个周末，小郭又约会去了，舍友睡前在房门上放了一盆水。小郭回来，一推门，淋了个满头满脸。

小吵一通之后，双方协商一致：以后约会，不得超过 12 点，否则……

此后，小郭每次赴约，必定带上闹钟——那时候穷，没有手表。

临近毕业，约会提速。舍友每当发现闹钟不在，就知道小郭又谈情说爱去了。

这个恋爱闹钟，刻上了艰苦岁月的烙印，也记录着学生时代的浪漫和幸福。

半支香烟

会终于开完了，有点累，烟瘾顿起。谢金雄、陈兆锦同学和卢大宣老师都在衣袋里摸索着找烟。找到了，陈兆锦掏出来的，是半支廉价劣质香烟。"擦！擦！"划火柴，很小心地划。因为不但香烟凭证限量配给，火柴也是。点着了，你吸一口，我吸一口，轮流抽着，师生平等。屋子里烟雾缭绕，充满温馨。

谢金雄、陈兆锦是中文系 1959 级调干生，都是从预科直升上来的。之前，谢金雄是珠海某区的团委书记，陈兆锦是台山一个农业合作社的主任。卢大宣老师比他们稍大两三岁吧，就像兄长；人挺和气，同事叫他"驴子"，学生私下也是这样称呼他，即使他听到了，也是笑呵呵的。

后来，谢金雄成了著名作家，官至珠海市副市长，陈兆锦在广播电视界工作出色，当了群体部主任，而卢老师也离开暨大另有高就，但他们都忘不了那半支香烟。

猪姆菜

饭似乎吃饱了，但不一会儿又饿了。原因是没有油水，而且，饭是双蒸的——蒸过一次之后，加水再蒸，使饭粒发大，以便使肠胃多得到一点安慰。这是饥荒年代与小球藻、"代食品"具有同等意义的重大发明之一。

半夜肚子叫，于是，想起了延安精神，想起兄妹开荒。我们到教学大楼旁边——"开"种菜。那时候，王宽诚先生捐建的教学大楼虽已落成启用，但周边还是一片"荒地"。所谓荒地，其实只是丢荒，它本来就是很好的菜地。我们何不用来种种菜，也来个"生产自救"呢？

梁校长一力赞成。我们开锄那天，他来了，背着一顶草帽，令人想起他当年在部队当政委的风采。

我们种下了最粗生粗长的猪姆菜（官达菜）。两个月过去，迎来了丰收。宿舍里像过节似的，人头涌涌。大家不知从哪里借来一口大铁锅，把水烧开，然后将猪姆菜倒进去，菜熟了，加点盐，没有油……围炉大吃起来。"好吃，好吃!"以前用来喂猪的猪姆菜，现在成了大学生赞不绝口的美味。多年后回首往事，大家说，正是因为吃过苦，我们这代人的意志才如此坚强，在人生的道路上不怕任何艰难险阻。

【作者简介】黄卓才，广东台山人。暨南大学 1958 级中文系，1963 年毕业。暨南大学中文系教授，国际关系学院/华侨华人研究院兼职研究员。广东省作家协会会员，广东省侨界作家联合会顾问。终生从教，从事写作学研究、华侨华人研究，业余进行文学创作。代表作长篇报告文学《鸿雁飞越加勒比——古巴华侨家书纪事》获第二届"中山杯"华侨华人文学奖。

暨大，我心中永远的情结

方健宏

40 年前的此时，在粤东海边一个小农场当了 5 年知青的我，在农地上接到暨南大学的录取通知书，而且是进了第一志愿的新闻系。惊喜、欢喜、狂喜，正是当时的真实心情；洗脚上田、离乡进城、跨入大学校门，正是当时的真实写照。从此，开始了我与母校的终生情缘。40 年后的今天，一些早已依稀模糊的往事痕迹，忽然又清晰如初，浮现眼前，令人心潮起伏，思绪万千。

我是在高考前一个月请假回家复习的（那时我已任知青场场长，不能脱产离岗太长时间），从小学四年级开始到初、高中阶段，正处于"文革"时期，在学校没有多少正规授课，也就没有多少知识积累。下乡后的单一任务就是生产劳动，所在的知青场只有一份《南方日报》和一本《红旗》杂志，没有其他的图书刊物。

面对缺乏信心的学生，正辅导我复习的当年教授高中语文课的阮实枝老师多次对我说："相信你肯定能考上，而且要报考新闻学。"此时暨大复办消息已公布，新闻系也在院系名单中，好像老师的理由就是读新闻更有利于培养人才，也符合我要强不服输的性格。那时我还不大了解"新闻"二字的深厚含义，只是出于尊师也就认同了。可是高考分数通知后，我被打了一闷棍，离自己估计的相差甚远，怎么想都觉得不可能考得这么差，因为地理只得了 47 分，实在离谱。几天后鼓足勇气到县招生办要求复查分数，不料刚进教育局大门就听到消息，省招生办已通知惠来县有几个考生的分数统计失误，其中就有我的名字，地理科实为74分。这样惊险地捡回了该得的27分，也就决定了以后的结局，我信心十足地填上暨大新闻系作为第一志愿，而且如愿以偿。1984年，应届生的小弟方健辉受我的影响兼劝说，报考了母校并被生物工程专业录取，两兄弟成为校友，也算小小佳话了。

1978年高考英语是不计入总分的，但入校不久新闻系就测验英语，以便按成绩分班教学。记得卷子发下后，我就傻眼了，因为几张试卷都是英语，一个中文字都没有。在此之前我从未接触过英语，本想马上交白卷，但又怕太显眼，无奈等了一会儿，看到一个同学率先交上去了（估计与我水平差不多），我准备仿效，却发现连姓名都不知填在哪里，偷偷问了邻桌同学，他指了右上角的"name"的位置说"这里"，似乎头都没抬起看我（忘了这位同学叫什么了）。就这样，我理所当然地分在最慢班。

暨大当年在广州高校中最重视英语教育，别的院校学两年，暨大要学满三年，而且"气氛感人"。不管读什么专业，不论成绩基础如何，同学们早晚在宿舍或校园口中念念有词的基本是念英语。那时我的大弟方健壮在广州外国语学院就读英语专业，是尖子生（后来是广东外语外贸大学校长助理兼英文学院院长、广东外语艺术职业学院院长、广东开放大学党委书记）。我经常利用周末骑单车从暨大到白云山下的广外找他补习英语，其舍友不时听到我低水平的提问和他不耐烦的回答，在我离开后就问："怎么你那么聪明，你哥却那么笨啊？"弄得我大弟哭笑不得，只能解释"我哥其他方面挺行的"。由于比较努力，加上大弟的"小灶"补充营养，我的英语进步挺快，到第三年，已经勉强可划入"A−"（分五个等级，A+最高）。曾经自豪一时的是，大四从武汉实习回穗途中，在火车上遇到一对年轻外国人，他俩不懂中文，列车员又不识英语，我见此勇敢客串了一回翻译，连比带画，居然把意思基本听清讲明了。不过，毕业后我就再没有与英语为伴，几乎又回到了原点，剩下的只有这些记忆了。

作为特殊年代进校的新闻系学生，大体可分为三类：一是已参加工作多年包括已是媒体或杂志社记者编辑的资深学生；二是应届的高中毕业生；三是既不老辣又非鲜嫩的"夹层生"。我属于第三类，加上原先基础薄弱，压力之大可想而知。

第一年上写作课，有一天老师在台上点评作业，挑出的十几个病句中，其中就有我一份，当时脸都不知往哪搁。但自己确是那种"要强不服输"的个性，那几年我拼了命、铁了心在学习上补短、追赶、跨越。大学期间，有三年的元旦在教室度过，更不用说周末了。终于在第三、四学年明显进步，有几门课成绩跑到了前列。尤其难忘的是毕业前出省实习，我分到了《湖北日报》这一组，那时该报集中了全国设置新闻系的人民大学、复旦大学和暨南大学三所高校实习生。我们全组同学都在互相加油鼓劲，要为母校争气。在三个多月里，几乎每天早晨上班第一件事，就是翻阅报纸，看"本报实习记者"有谁的名字上版，随之而来或是欢呼雀跃，或是失望沮丧，往往是隔日"冰火两重天"。最后我和陈华同学成为三校实习生中见报数量最多的两位。我还有一篇报道人力三轮客车师傅先进事迹的通讯，被评为好稿子，受到报社表扬。这篇通讯的标题和日期已经忘记了，但当时自己为写稿连续十几天跟踪采访客车师傅、乘客、单位领导及工友的情景，至今还有深刻印象。

1982 年 7 月大学毕业，我被分到广东省委办公厅，心里喜憾参半。喜的是省委办公厅属于广东最高决策机关的枢纽，可从高层次近距离见证时代发展历程；憾的是原先自己志愿是新闻，曾经有当"名记"的野心，而且为之付出心血四年整，离开心有不舍。不过，从 36 年来的实践经历看，尽管没有进入新闻单位，但学新闻所养成的特质，如敏锐捕捉、正义正气、综合分析、客观求实、归纳概括、写作表达等，对我从研从政很有帮助，大有裨益。我在省委办公厅从事政策调研和文稿起草 19 年，亲身融入了二十世纪八九十年代改革开放初期那段激情燃烧的岁月，而且参与起草的一些文稿和提出的一些建议，包括通过类似"内参"形式的内部材料反映新事物新问题新情况，进入领导的视野，引起高层的重视，成为决策的依据。大概是在 1985 年，中央办公厅在全国党委办公系统实行上报信息制度，我那时还只是一个副科长，被省委办公厅定为首任对口中央办公厅的信息员，可能一个因素就是我学过新闻，后来从采用情况看，我确有一定优势。其实，调研类似采访，信息就像消息，领导讲话和工作报告等公文写作也与新闻写作的要求相通相同。

从 2001 年开始，我进入独当一面和主政一厅的角色，先后任汕头市委副书记、省委宣传部副部长兼社科联党组书记，及至担任省文化厅厅长十年。在这几个地方或部门工作，尽管有不少压力困难、有不少复杂情况，但自己都敢于面对担当，积极开拓创新，尽心尽责尽力，推动解决了一批难事，做成了一批好事。究其原因有时代契机、领导信任、组织培养和群众支持等，但始终与自己学新闻养成的综合素质是分不开的。因此可以说，我的成长进步是与母校连在一起的。而且，只要有机会，我就会争取直接或间接与媒体互联。如在省委办公厅期间，经省委老秘书长杨应彬批准，由综合处负责以"岳宗"笔名向各媒体提供权威的信息稿件，而我从综合处科员到处长，到厅分管副主任，都没与这项工作"脱钩"。欣喜的是，至今这个"岳宗"还在继续发声。我还曾经在随领导下乡调研准备讲话稿时，以通讯形式报道地方基层的新鲜经验，本是"副产品"却获得了《南方日报》的"好新闻奖"。在省委宣传部兼任文化大省建设和文化体制改革办公室主任，自然对媒体多一分理解，多一分关心支持，帮助解决了一些实际问题。在省文化厅时期更是想方设法与新闻单位"联姻合作"，共建共享，借助媒体力量促进文化建设繁荣发展。直到我转岗担任省政协文化和文史资料委员会主任，还是与媒体缘分未断，先后推动促成与南方报业集团联合打造"文史广东"网站，与羊城晚报社携手推出"岭南文史"专栏。

这些，都肇于母校暨大和新闻学生这种情怀。

40 年过去，虽是弹指一挥间，但对个人，尤其是母校来说，变化太多太大了。当年英姿焕发的老师，有的已是耄耋之年，有的则已仙逝；当年青春涌动的同学，大多已是两鬓霜染，略显老态；当年简洁宁静的校园小道、宿舍课室，也基本容貌全改"换了人间"。特别是母校的发展可称巨变：已成为国家教育科研的一座学术重镇，成为培育中华英才的一个独特摇篮，成为改革开放以来中国高等教育事业繁荣的一个缩影。在 10 年前母校举办的"暨南大学广州重建 50 周年和复办 30 周年纪念大会"上，我作为校友代表的发言中有一段话，现在依然映照自己不变情怀："母校的魂已深深烙刻在我们心坎上，融化在我们血液里，乃至绵延在我们的后代中。"

母校暨大，我心中永远的情结。

【作者简介】方健宏，广东惠来人。暨南大学 1978 级新闻系。广东省文化厅原厅长、广东省政协文化和文史资料委员会原主任。

汪国真诗选

汪国真

学校的一天

晨　练

天将晓，同学醒来早。

打拳、做操、练长跑，

　锻炼身体好。

早　读

东方白，结伴读书来。

书声琅琅传天外，

　壮志在胸怀。

听　课

讲坛上，人人凝神望。

园丁辛勤育栋梁，

　新苗看茁壮。

（本诗是汪国真在校时抄在暨大宣传栏上的"处女作"，后刊登于《中国青年报》）

校园的小路

有幽雅的校园

就会有美丽的小路

有美丽的小路

就会有求索的脚步

忘却的事情很多很多

却忘不掉这条小路

记住的事情很多很多

小路却在记忆最深处

小路是条河

流向天涯

流向海角

小路是只船

驶向斑斓

驶向辉煌

(本诗是汪国真在校时为真如路创作的小诗)

小湖秋色

秋色里的小湖
小湖里的秋色
岸在水里小憩
水在岸上漾波

风来也婆娑
风去也婆娑
湖边稀垂柳
湖中鱼儿多

小湖什么都说了
小湖什么都没说

（本诗是汪国真在校时为明湖创作的小诗）

感　谢

让我怎样感谢你
当我走向你的时候
我原想收获一缕春风
你却给了我整个春天

让我怎样感谢你
当我走向你的时候
我原想捧起一簇浪花
你却给了我整个海洋

让我怎样感谢你
当我走向你的时候
我原想撷取一枚红叶
你却给了我整个枫林

让我怎样感谢你
当我走向你的时候
我原想亲吻一朵雪花
你却给了我银色的世界

（本诗是汪国真在 2006 年为暨南大学百年校庆所作）

【作者简介】汪国真（1956—2015），当代诗人，书画家、作曲家。暨南大学1978级中文系。在学校时，喜读、写诗歌，其间一首打油诗《学校的一天》刊登在《中国青年报》上。1990年开始，汪国真担任专栏撰稿人，在全国掀起一股"汪国真热"。他曾连续三次获得全国图书"金钥匙"奖。他的《旅程》《雨的随想》《热爱生命》《我不期望回报》《我微笑着走向生活》等多篇作品，入选义务教育、全日制普通高中教育、中等职业教育教科书。

汪国真、李珊莉和我

林晓辉

每次从美国回北京，我一定会给李珊莉打电话，见面吃个饭，也会把汪国真一起约上，有时还有经济系 1978 级的陈春燕。

珊莉从安徽大学转来暨南大学中文系，从一开始就和我挺要好的。我去过她家几次，她的父母、哥哥、姐姐和姐夫全都见过。三年级我生病期间，珊莉热心地让她家的保姆每周一次炖牛肉、猪脚或鸡肉端到宿舍送过来给我，持续了大约一个多月。承受此恩，我一辈子不曾忘记过。

当时，年近 40 的小汪依然单身，这自然是我们见面必问的话题。一次小汪很高兴地说自己结婚了，她是他的诗迷，在河南省文联工作。有一个儿子八个月了，还答应有机会带过来给我们看看。

珊莉提起有人把汪国真比做大陆的席慕蓉，小汪淡然一笑，他说自己的诗迷肯定比席慕蓉多。他曾送给我们他的诗集以及音乐 CD。中国经济腾飞之初，汪国真说，林晓辉你信不信我用八年成了全国知名的诗人，再有八年我可以成为有同样成就的商人。我说："你想文人下海？商场险恶，别再连带毁了你的诗名。"他笑了："你以为我要倒买倒卖呀，我要做也是做和文化事业有关的商业活动。"

因为曾经给北京暨大校友会捐款，2014 年夏天春燕帮我联系到校友会的孙秘书长，我正在北京奥体中心打网球，接到孙秘书长的电话，他说下个星期北京世纪金源大饭店有一个活动，过来和大家一起见面吧。我说那我叫上汪国真？他说汪国真是大名人，如果能来太好了，以前从没见汪国真参加过北京暨大校友会的活动。

我随后拨了小汪的电话，他说真的不巧，该晚已经安排事情了，会尽量出席但可能会稍早离开。庆祝暨大北京 EMBA 毕业活动，场面还挺大，台上表演着歌舞，台下是丰盛的晚餐。小汪向我们介绍身边那个腼腆的帅小伙，过了这么多年他终于带过来给我看看，是他的儿子，已经 19 岁了。

汪国真上台发言，他说习近平总书记在 APEC 讲话曾引用他的诗句，然后朗诵了他自己的那首小诗。他的诗迷包括宾馆的女服务员们都围过来寒暄握手、索要签名，表达敬慕之情。小汪应接不暇，他绝对是当天晚上的"一号明星"。他用过晚餐就提前退席了，还说不好意思，过两天我们几个人小规模再聚一次。通了几次电话没约成，谁能想到再也没有下一次了。

2015 年 4 月 26 日，中文系 1985 级关晓彤在暨大南加州微信群里转发了关于汪国真去世的腾讯新闻，接着有校友打电话向我求证，我惊魂未定，又实在不愿意相信有这回事，那时网上经常传播假消息。

我便大声回答：肯定假的，就像去年我在北京王府井看到报贩挥舞着小报大喊：成龙死啦，他不是还好好地活着吗？我又仔细地上网查看，没写去世原因，这不合情理。有一则消息提到汪国真的妹妹，我心里犯嘀咕，他有一个妹妹我是知道的。直至收到倪列怀的电子邮件，证实小汪确实是风雨兼程地走了。

汪国真的陵墓坐落在北京西郊，记得任京生说美国银行的保险箱好像是八宝山的一面墙。跟那墙相比，小汪长眠的场所可以说气势恢宏。听说是小汪的妈妈亲自挑选和决定的地方，可见妈妈是多么以儿子的成就为骄傲。

转瞬四年了，小汪温文尔雅的微笑和他诗人、音乐人及书法家的气质长存于我们心中，未曾远离。

【作者简介】林晓辉，暨南大学 1978 级中文系。

贫穷与奢侈

林少华

　　对于我这样的"50后"和经历过"文革"的人来说，20世纪80年代尤其是值得回首的年代。

　　那首先是个贫穷的年代。虽说已经改革开放了，但经济生活大体是"文革"的继续。我1982年研究生毕业后南下广州当大学老师，当时一个月工资71.5元，还不如现在半天的薪水！71.5元买东西一是买不着，猪肉鱼肉等副食品仍凭票供应，一张票买二三两肉或一个鱼头鱼尾什么的；二是买不起，广州毗邻港澳，居民大多有外币汇入（时称"南风窗"），物价偏高。说出来你别见笑，我大体是穿着在学校西门外地摊上买的衣衫裤子上台给港澳生、侨生讲课的。一次学生请我去郊外旅游，买了软包装饮料给我，而我竟不知道怎么喝到嘴里——不知道把塑料管插进锡纸孔往嘴里吸，还是一个调皮鬼漂亮女生笑嘻嘻帮我解围的："林老师我的林老师，瞧你瞧你，你也太书呆子了！"还有，1985年我翻译了28集日本电视连续剧《命运》，译一集播一集。因为没有电视机，播出后只好到一位年纪大些的同事家里看，伸长脖子看自己翻译成的中国话如何经配音从山口百惠和大岛茂等日本人嘴里出来。两位香港来的男生知道了，半夜敲门给我从香港背回一台彩电！拿到稿费后（每集50元）才好歹把钱还上。

但同时那又是个奢侈的年代。说起来同样怕你不信，1982 年我从吉林大学研究生院毕业时只有一个选择——其实那已谈不上选择——只有当大学老师一条路。中山大学要我，而学校把我分去暨南大学。因为后者当时没有日语专业，我就闹着要去中山大学，还为此在晚饭后散步时一拐脚找到研究生处处长家，坐在床沿上照腹稿同她理论了一番。她一边收拾碗筷一边笑着劝我别闹，哄我说去那里一定有好果吃："那是国务院侨办系统的指标。听说你女朋友在广州，你不去谁去？何况绝对是好学校！"说实话，我不过是"工农兵学员"出身的文学硕士，而同现在的博士们——海归也罢，本土也罢——毕业后甚至求告无门的状况相比，你不觉得这太奢侈了？

奢侈的还不止此一桩。去暨南大学一看，原来学校董事长是当时国务院侨办主任廖承志，校长是时任广东省省长的梁灵光。我的顶头上司（我几乎去了就当日语教研室主任），即外语系主任是广东省人大常委会副主任曾昭科教授，系副主任是我国著名的英国文学翻译家、诗人翁显良先生，系里就主办一本全国发行的刊物《世界文艺》，1949 年以前连大名鼎鼎的钱锺书都是系里的普通教员。相邻的中文系也不示弱，记得学生里出了个诗人汪国真，弄得全国男女高中生都拿着小本本抄他的诗，感动得一塌糊涂。无论在哪个意义上都够奢侈的吧？而更奢侈的是，当时大学还远远没有官场化，那位副部长级系主任时不时自己拖一把硬板凳坐在我身旁商量筹办日语专业，亲热地一口一个"小林、林老师……"而现在我都成"老林、林教授"了，也没见哪一位副部级自己拖椅过来跟我寒暄。奢侈啊，奢侈之至！"士为知己者死"，你说我能不好好干好好玩吗！

好好玩也罢不好好玩也罢，还真给那位研究生处长言中了，这所大学还真给了我好果吃：我 1982 年去暨大，1985 年就被破格提拔为副教授。据说是当时广东省最年轻的文科副教授，名字上了《羊城晚报》，学校 80 周年校庆特刊画报也为之留了一席之地。都说广东人排外，至少我没感觉到。又过了几年要慨然提我任正教授的时候，非我说谎，我谢绝了。有两个原因，一是我觉得自己实力不够，当了教授还一问三不知，岂不等于将自己置炉火上烤，"人贵有自知之明"；二是研究生时代我的年老导师和我敬重的好几位德高望重的老前辈当时也都还是副教授或副研究员，我一个后生小子怎么好意思冲到前面当教授，叫我何颜见江东父老！但不管怎样，拱手相送的正高职称曾被拒绝，无论之于我还是之于那个年代，都无疑是一种奢侈。如今想来，那个年代也真是可爱。这就是 80 年代，这就是 80 年代的我以至我们每一个人，曾经贫穷，曾经奢侈。而作为二者的内容，不觉得现在好像有些颠倒过来了？

【作者简介】林少华，吉林长春人，著名翻译家。1982 年获硕士学位后到暨南大学外语系日语专业任教。历任助教、讲师、副教授、教授。1987 年至 1988 年在日本大阪市立大学进修日本古典文学，后仍回暨南大学外语系。1993 年至 1996 年在日本长崎县立大学做访问学者，1996 年回暨南大学工作至 1999 年调往青岛海洋大学。林少华因译村上春树《挪威的森林》而为广大读者熟悉，此后陆续翻译 32 卷村上春树文集及夏目漱石、芥川龙之介、川端康成、井上靖、东山魁夷等名家作品。林少华以优美典雅的文字和对日本文学作品气氛的出色把握，受到读者的推崇，同时他还应多家报刊邀请，撰写专栏，亦是国内知名的专栏作家。

别了，暨南鹊桥

钟燕芳

　　真幸运参加了暨南大学校友会海外校友聚首南加州洛杉矶的庆典，海外校友们千里迢迢而来，共聚一堂，那份诚意，可真令人感动！我们家三个小孩也以暨南人自居，积极参与，乐在其中。会场布置突出主题，节目丰富多彩，真惊叹筹委及校友们的多才多艺，也感谢他们为此付出的时间与精力。我们医学院的晚辈，一群迷途的羔羊，全靠两年前能幸有沈丽佳老师的牵线，才得以重投组织的怀抱。

　　聚会中兴奋之余，细数着昔日校园的趣闻逸事，嬉笑怒骂，离愁别绪，百般滋味，尽上心头。瞬间犹如时光倒流，让思绪飞回到广州暨南大学医学院学生宿舍的"鹊桥"。

　　暨南大学建阳苑3、4、5栋，医学院和文学院的学生宿舍，前身是学校附属医院的住院部病房，一共四层，没有电梯，三栋之间都以斜坡"Z"字形连接着底层一直到四楼，在那年代才可以把病床推到每个病房。4、5栋分别是医学院男、女生宿舍，三层楼之间都有很大的操场。站在鹊桥上，向外可俯视校园，向内可欣赏球类活动。鹊桥是多年来学兄学姐们流传下来的昵称。

　　1994年参加完暨南大学医学院毕业典礼，离校瞬间，一次又一次地回首，最不舍的，是你——鹊桥，你是我从天真烂漫到成熟干练的有力见证。

1998 年作为新生刚进校门，还没开始上解剖课的我们四个广东女生，晚上总爱站在鹊桥上，遥望着对面医学院的后门，兴奋而又战兢地谈论那诡异的解剖室，构想着不可思议的历险记。终于，在一个月黑风高的晚上，决定上演一幕"夜探解剖室"。大家在鹊桥上作了周详的计划，摆出一副壮士一去不复返之势，走进医学院的后门。昏暗的灯光使长长的走廊显得格外阴森，我们走了走廊的三分之一，解剖室就在远处的尽头，只见教研室门口停着一部手推车，车上覆盖着白布，仔细一看，白布下面伸出的是一只褐色的手！"啊……"我们四个女生不约而同齐声尖叫，闪电般跑出医学院，狂奔上鹊桥，惊魂良久未定。后来其中一个女生调侃我："原来你能跑这么快，为什么不主动去参加校运会比赛？"

开始上解剖课后，终于揭开了解剖室的神秘面纱。那刺鼻的福尔马林药水味有时熏得我们直掉泪。我们每人获分派一袋人骨头回宿舍自修用。还记得当时我们楼下，有一晚下暴雨，除了一个女生还在自修，我们都入睡了。半夜突然一声大喊："宿舍给水淹了！"爬起床一看（还好我在双层床的上层），地上的盆、桶、所有杂物都浮了起来，水足有一尺深，当然放在桌子底下的骨头也不能幸免，全部湿透！第二天太阳出来时，我们宿舍里一共几十块人骨头：头骨、镜骨、股骨、肱骨、肩胛骨、椎骨……琳琅满目，全放在鹊桥上晾干，何等壮观！只吓坏了经过的非本学院学生。水灾后的宿舍清理了好久，炎炎夏日之时，1987 级学兄蔡小鹏主动把自己唯一的风扇送过来救灾，真是雪中送炭，令我们宿舍女生感动不已！

四月，入学后第一个泼水节（校内有部分傣族学生），事前一无所知。食堂吃完饭回宿舍，远远望见二楼一直到顶层的鹊桥，俨然成了碉堡一般，桥上每层都站了拿着水盆水桶的斗士，严阵以待，若有勇士走过大门口，上面的水就如瀑布般落下。偶尔有自以为有备而战的人撑着伞走过去，也躲不过上面飞流直下的水，整把伞解体。既是新兵，唯有站一旁观战，待来年早作准备，尽早在宿舍吃完午餐，抢占有利位置，居高临下，自当立于不败之地，痛快！但有时也会殃及无辜的过路者，所以我们作业前校方就规定泼水节活动只能在指定的地点和时间进行，这么有利的作战地形就派不上用场了。多了限制，学生自然就兴趣缺乏。

鹊桥上另一景，是摆着的几套桌椅以及锁着的抽屉。晚上，师兄师姐们就在灯下自修。后来他们毕业了，桌椅传到我手上，才发现其中秘密。原来电是从走廊路灯拉过来的，电源插座平时锁在抽屉里。除了自修、幽会，这倒是煮东西的好地方。

夜幕降临，从楼下总会看到只只丽影，旁若无人地激情接吻，或肝肠寸断地离别，总之，离离合合，上演着一幕又一幕有悲有喜的爱情故事。

后来学生宿舍实行 11 点关门制度，11 点宿舍大门上锁。但对于我们，制度形同虚设，只要沿着墙壁砖块间的空隙，就能轻而易举地爬上二楼的鹊桥，然后堂而皇之地走回宿舍。最近首次回母校，处处是新建的校舍，昔日的羊肠小径也泊满了汽车。鹊桥跟青春一样，都只能留作怀念了。鹊桥，在我 6 年的大学生活里，伴我走过那段用知识铺砌的出国执业之路，毕业离校 17 年，挥之不去的尽是那些与鹊桥相关的千丝万缕。

"悄悄的我走了，正如我悄悄的来；我挥一挥衣袖，不带走一片云彩。"

【作者简介】钟燕芳，毕业于暨南大学医学部，现为加利福尼亚州牙科全科医师。

暨忆·暨念

李希跃

　　近日整理旧物，翻拣出一张泛黄残破的小报。睹物忆旧，往事翻涌，许多熟悉的人、熟悉的事一一闪现在眼前，于是萌生了记录下来的冲动。

　　这张旧报是 1987 年 3 月 14 日付印的《暨南研究生》创刊号，4 开 4 版，主编单位是暨大研究生院（筹），采编人员则是暨大文学院 1986 级的研究生。4 个版中有 3 个版的责任编辑是新闻系研究生班的，唯独负责编第三版文学副刊的我来自中文系。至于这张小报后来办了多久、出了多少期，我已毫无印象。

　　35 年过去了，斗转星移，沧桑巨变。当年在这期小报上发表文章的经济学院 1986 级研究生刘桂平现已是天津市委常委、常务副市长，编者或作者中有的已成为知名报人或专家教授，大多已经或即将退休。而最令人唏嘘叹惋的是当年接受本报采访的文学院副院长、为我们亲授马列主义基础课的柯木火教授多年前已经与世长辞，给我们留下无尽的怀念。

　　古罗马诗人马尔提亚说："回忆过去的生活，无异于再活一次。"将往事的碎片杂糅留存的资料拼凑成文，难免陈米糟糠、油盐酱醋、架屋叠床、流水开账，何况自己笔拙墨浅、言帚忘笤，往往词不达意、挂一漏万。但愿戋戋琐琐的文字能敲开尘封的记忆之门，让我重回暨南园美好的学生时代。

　　1986 年 9 月，我考入暨大文学院中文系攻读中国古代文学专业（研究方向：魏晋南北朝文学）硕士研究生，开启了新的学习生活。

对我而言，这个时候才去读研无疑有些迟了。我读大学虽幸运地搭上了恢复高考后的头班车，但此前下乡当知青已经被耽误了一些青春时光。大学毕业后编了两年半文学期刊，又回母校广西大学站了两年讲台，再过半年就有资格申报中级职称了。有人劝我说老大不小了，何苦再折腾，这时候去读全日制研究生，意味着三年后一切又要从零开始，常言道一步迟步步迟啊。

然而，生于 50 年代末期、经历过大饥荒和"文革"的我，仍毫不犹豫地挤上了那届大学毕业生读研的"最后一班列车"。在那个风帆正举、百废俱兴的年代，我觉得只要衣食无忧且又可安静读书，那就是春光明媚、阳光灿烂的日子，何况广州是一片令人向往的热土，春潮滚滚，生机勃勃；"面向海外、面向港澳"的暨大更是得改革开放风气之先，南风徐来，特色鲜明。因此我认准这也是一班"开往春天的列车"，我的人生和命运极有可能像当年考大学一样再次出现拐点。

我们 1986 级入校那年恰逢暨大建校 80 周年华诞，学校要举行隆重的庆祝活动。为了集中精力办校庆，新生推迟到 9 月下旬才报到，9 月 30 日正式注册。我们入校时校园里还留下了不少庆典活动后的痕迹，彩旗飘扬，标语醒目，空气中焰火和鞭炮的味道似乎还没散尽。

1986 年 5 月初，我走进暨南园参加研究生复试。我提前一天到了广州，按通知指引从火车站坐 33 路车到学校，在明湖旁的招待所住了一夜。第二天上午按时到达中文系办公室，一个工作人员拿出一张政治科试卷，让我独自到隔壁的房间做题。因为那年全国研究生统考取消了政治科闭卷考试，改为复试时再加试。试卷难度不大，且是开卷考试，一个半小时左右交卷。下午我在系里见到了即将要成为我导师的两位老师。他们和蔼可亲，与我交谈了半个小时左右，了解了一下我的学习经历、科研情况及工作现状，交流了一些专业问题的观点，印象中并没有通常面试中问答的环节，我精心准备的答题资料也没有用上。不知为什么这次复试并没有见到同专业的其他考生，猜测也许是特意错开安排在不同时段吧。面试完毕我便急忙赶往广州火车站，踏上了当天傍晚回广西南宁的列车。当天夜里我躺在卧铺上迷迷糊糊，半梦半醒之间，火车运行时发出的"咣当，咣当"声在我耳边全成了命运的呼唤声："广东、广东。"

我入校时的文学院下设中文系、历史系、新闻系、外语系、社科部、古籍研究所、华侨研究所等系级教学科研单位，院长是语言学家詹伯慧教授，中文系主任是文艺学家饶芃子教授。

那时文学院的办公楼在田径场旁边，中文系和历史系则设在其东侧的一栋小红楼里，中文系办公室在二楼，历史系办公室在一楼，与校行政办公楼一路之隔，距北门约 200 米。这栋建筑红砖裸露，坡形屋顶，外立面间有明黄色的墙体和白框装饰，与我读书和工作时的广西大学中文系那栋建于 50 年代的苏式小红楼颇有几分相像，走到跟前顿时有了一种特殊的亲切感。且想到当时在诗坛上崭露头角的青年诗人汪国真也刚从这栋小楼走出不久，让也曾一度喜欢写诗的我有些莫名的小激动。

我当时就读的中国古代文学专业魏晋南北朝文学研究方向共有 3 人，分别是我、符宣国、和勇。我与和勇都是恢复高考后 1977 级的毕业生，读研前均为中文系中国古代文学教研室的青年教师，我在广西大学，他在云南民族学院，我比他大一岁多。符宣国则为对面华师中文系的应届毕业生，年龄比我们小好几岁。

我们的导师郑孟彤教授和李文初教授均为中国古典文学研究专家。他们师出名门，学脉纯正，早年分别跟随中大詹安泰先生和北大游国恩先生治学，是中文系中国古代文学教研室的教学骨干和中坚力量。郑老师此前已带过几届研究生，李老师则是第一次当研究生导师，他于 1988 年赴日本讲学，一去两年。

两位导师共给我们开设了 10 门专业课程。上课多是讨论式的，或在系里的教研室，或在导师的家里，师生围坐在一起。导师先就要学习的内容和学术界目前的研究现状、前沿问题作个介绍，然后勾勒要点，就学习的难点、疑点作些解释，根据课程的内容，补充一些有关的历史知识和文学知识，绝不照本宣科，灌食填鸭。随后大家一起展开讨论，畅所欲言，言无不尽。结束前导师再作个小结，并布置课后的阅读篇目和每阶段要写的学术综述或学习笔记。

郑老师研究中国文学史造诣深厚，对唐宋文学用力甚勤，对建安文学的研究也独树一帜、自成一家；李老师则是国内研究陶渊明和山水文学的名家，考证、考据功底扎实。他们各擅其长，谆谆教诲，引路导向，金针度人，标示津逮，悉心培养我们的学术思维和研究意识，传授学术研究的方法，并对我们进行必要的学术训练，指导我们如何阅读和研究古籍，如何收集和鉴别资料，如何发现和解决古书中的问题，如何从知识的接受者转变为问题的提出者。对我们撰写的读书笔记，他们认真审阅，要求标点符号、注释体例、参考文献严格遵守技术规范。

暨大地处改革开放前沿地带的广州，又是侨校，学术氛围宽松，教师思想活跃，学生观念新潮。学校给研究生学习提供了良好的教学和科研条件，学校副董事长、香港实业家王宽诚先生捐建的苏式风格的教学大楼教室宽敞明亮，校图书馆藏书因学校数度搬迁、停办虽说不上丰富，但基本够用，中文系还有自己的资料室，包括本系老师捐赠的个人著作在内的藏书也不少。

更难得的是学校图书馆的藏书很有特色，有很多引进版的书籍和报刊。那时图书馆辟有一间"石景宜先生赠书室"，陈列的是学校校董、香港著名出版家石景宜赠送的海外出版的图书。图书馆还有一间幽静的"教师阅览室"，研究生凭证即可进入，里面有很多海外学者研究中国文学的图书。这些图书开架摆放，可以自由取阅，其中不乏观点新颖、视角独特之作，让人读后耳目一新，深受启发。阅览室还配有复印机，付费即可使用，复印费在合理范围内可在研究生科研经费里支出，相比于读大学时要用笔做文献摘录卡片，既方便又高效。读研期间，我自习时大多到这里看书。

暨大是国内高校中率先实行学分制的学校之一，我们学习年限为 3 年，要修满 30 个学分。根据课程安排，研究生第一学年有政治、英语 2 门公共课，其中政治课 6 个学分，英语课 8 个学分，这 2 门课均按年级或学院分班上大课。

公共课任课老师中，政治课的科任老师柯木火教授给我们留下了深刻印象。他当时是文学院副院长，但一直站在教学的第一线，在阶梯教室给我们这级的研究生上了整整一个学年的马列主义基础课，含哲学、政治经济学和自然辩证法。其间只有社科部的青年教师王培林代他上过几次课。

柯老师毕业于北京大学，正值壮年的他学识广博，思想敏锐，思维严谨，见解精辟，敢想敢说，始终站在思想界的前沿。他讲课时并不慷慨激昂、声嘶力竭，但洞幽察微、目光如炬，分析问题冷静客观，深刻犀利，真知灼见，层出不穷，既传授知识，又启人心智，每堂课都让我们听得津津有味。下课后同学们都喜欢围着他请教问题或交流思想，他总是不厌其烦地认真倾听或解答，以致经常课间无法上厕所，课后无法马上回家。时至今日，我的脑海里还时常会闪现出柯老师讲课时眼睛里发出的那束睿智而理性的光芒。我始终认为大学里对学生影响最大也最深远的就是像柯老师这种站在教学第一线，与学生面对面直接接触的老师。

学校还充分发挥综合性大学的优势，经常邀请海内外名家举办各种学科的学术讲座，文理兼有。我至今仍记得去听过一个物理学家讲相对论，《光明日报》记者谈随访南极考察队，还有一些文理科交叉学科的讲座，而有关文学的、音乐的、经济的就更多了。这些讲座各个层级的文理科学生只要感兴趣都可以去旁听，极大地拓宽了学生的视野，增长了学生的知识，也丰富了学生的课余生活，深受学生欢迎。

那时暨大的食堂分为教工食堂和学生食堂，粮食定量供应，饭票凭粮票购买。菜式多样，丰俭由人，过节则统一加菜。吃饭要自带餐具，为了省事，如果上午三四节有课，去教室我们一般都会带着饭盒。下课后一起往食堂行走时，书包里金属的勺子与饭盒互相碰撞，一路哐当作响，汇成一首别样的进行曲。我那时每月可领 90 多元的职工助学金①，伙食费和日常开支不成问题。但那时大家都省吃俭用，从来不敢到校外的饭馆吃饭。省下来的粮票则拿到西门外的夜市换取一些日用品和录音磁带。而中文系对研究生也颇为关照，系里每年承接的成人高考语文科目试卷评阅都会让研究生和系里的中青年教师一起参加，每次三五天，完成后可以领取一些改卷费，这对我们来说可算得上是一笔额外的丰厚收入。

我们这届文学院的研究生刚入学时，大多住在西门旁苏州苑的平房里，每间三五个人不等。这些平房不知是老暨大还是第一军医大学所建，设施简陋，低矮破旧。但大家知道这是短暂的过渡，所以并无怨言。

不到一年，新建的研究生楼——金陵苑一栋落成，楼高 8 层，井字结构，著名书法家王遐举题写的"暨南大学研究生楼" 8 个大字镶嵌其上，颇显大家风度。当时在校的研究生有幸成了这栋大楼的第一批住户，文学院的男研究生大多搬进了 5 楼。

研究生楼地理位置优越，地处暨南园的中心，离教学楼、食堂、体育场都不远，学习、生活和体育锻炼均十分方便。室内布局合理，光线明亮，有卫生间、书桌和储物柜。博士生一人一间，研究生两人一间。每层有一间可容纳二三十人的活动室，配置有一台彩色电视机。一楼大门处还装有一部可以拨打市话的电话机。这是当时广州地区的高校中设施最齐全、条件最好的研究生宿舍，令其他高校的研究生大为羡慕。

而最让暨南学子难以忘怀的则是每天必去的四个成环状的"蒙古包"，形似穹庐，连廊相接，墙有明窗排列，顶似荷叶倒置，平时是学生食堂，饭菜飘

---

① 当时在职和代培的研究生带薪学习，可以在原单位领全额工资；计划内招生但参加过工作的研究生在学校领国家划拨的职工助学金，标准是原工资的 90%；计划内招生但没有参加过工作的研究生在学校领国家划拨的普通助学金，标准略低于职工助学金。

香；每逢周末或佳节晚上则举办舞会。学生们晚餐后移桌搬凳，打扫卫生，拉串灯，接音响。华灯初上便笙歌阵阵，仙乐飘飘，青年学生们呼吸着仍未完全散尽的饭菜味翩翩起舞，舞姿曼妙，舞影婆娑，浪漫的情调之中又掺杂着几分烟火气，别有一番风味，引得五山地区其他高校的学生也经常慕名而来。

学校领导非常重视学生的"第二课堂"活动，校园文化兼容并蓄，丰富多彩，各种学生社团活跃，课外活动名目繁多，而一些外国留学生极具异国情调的活动也让我们大开眼界。我清楚记得有一年 4 月的一天中午，我从系里走回研究生楼，路过侨生楼时突然一盆水从天而降，把我浇成了"落汤鸡"，正想发怒，抬头却看见楼上窗外露出了几张外国留学生的笑脸。原来那天是泰国的泼水节，又称"宋干节"，泰国学生泼水庆祝。他们这带有恶作剧色彩的祝福，让不少路过的同学频频中招。有了这次经历，弄得我后来每次从侨生楼经过都提心吊胆，有时干脆就绕道而行。

那时各种文艺团体来学校大礼堂演出的也不少，依稀记得流行歌手王洁实和谢莉斯、唐彪和安李这些风靡一时的男女二重唱组合也曾来学校登台演唱。但最吸引我的还是节假日和周末晚上在篮球场放露天电影，自带椅子，免费观看。银幕的正面坐满了，就坐到背面，大家看得津津有味。我记得曾在这里看过《罗马假日》《爱情故事》《看得见风景的房间》《黄土地》《红高粱》《欢颜》等优秀影片。

暨大的体育也有着广泛的群众基础，群众体育开展得红红火火。研究生虽然没有开设体育课，但一到下午课外活动时间，许多人都涌进体育场参加各种体育活动。那时学院与学院、系与系、班与班之间经常开展各种球类的友谊赛。刚入学时，中文系的青年教师贾益民是系教工篮球队的队长，曾拉我去凑数参加过几次中文系教工队与其他系教工队开展的篮球比赛，印象深刻。

"东渐于海，西被于流沙，朔南暨，声教讫于四海。"暨大从创办开始就是侨校，学生来自全球五大洲，海外生和港澳生占比之高在全国高校中首屈一指。

学校宽容度大、包容性强，富于开拓创新精神，很早就开设了开放日、校长接待日，设立了校长信箱，每月还举行新闻发布会，发动大家参与学校的教学和生活管理。我们入学后，研究生院筹备处还创办了《暨南研究生》小报，及时反映校园动态和学生呼声。

研究生的学习生活紧张充实。两年后，我们顺利修完规定的课程，取得了30个学分。这期间，我还写了一些读书笔记，参与了《诗词曲知识辞典》（王季思、黄海章主编）等7部大型辞书的编撰，发表的论文中《鬼神是人创造的——魏晋南北朝志怪小说鬼神世界初探》被中国人民大学复印报刊资料《中国古代、近代文学研究》转载。

研三开学，我们即着手准备撰写学位论文。远在日本却一直牵挂着我们学业的李老师，特地将他收集到的日本研究魏晋南北朝文学的论文题目手写了好几页给我们参考，开阔了我们的视野和思路。

此时，学术界刮起了一股浮躁之风，一些青年学者急于成名，想走捷径。或挑战权威，颠覆经典，耸人听闻；或故弄玄虚，专挑冷门，炫人眼目；或搬弄各种新观点、新方法、新名词，标新立异，追求一夜成名。那时"新三论"（系统论、信息论、控制论）在文学研究界风行一时，方法论似乎成了做学问出奇制胜的灵丹妙药。

我读研前曾有机会亲耳聆听著名国学大师王力、姜亮夫、文怀沙等先生讲课，到过杭州大学古籍研究所进修，也阅读过不少知名学者介绍治学经验的文章，再加上现又跟随导师深造了2年，深知中国古代文学研究博大深厚，是中国学术史上历史最悠久、积淀最深厚、成果最辉煌的学科之一。前辈学者皓首穷经，苦心孤诣，旰食宵衣，在这个领域磨砥刻厉，钻坚研微，深耕细作，研究成果浩如烟海，汗牛充栋，且名家辈出，高手如林。如若循规蹈矩，别说超越和突破，就是想出点彩也很不容易。所以起初对"新三论"感到新奇之余也充满期待，便利用寒假的时间找来一些介绍西方结构主义和接受美学的译著啃读，企图寻找到突破口，但结果看得一知半解、似懂非懂。于是开学第一天就到郑老师家里请教，表达了自己的焦虑、困惑和迷茫。

郑老师耐心地听我说完，随后语重心长地说："做学问一定要脚踏实地，正道直行，冷静对待学术界时髦的风气。别人的长处应参考，新出的东西要学习，但流行的东西不等于一定就是好东西，新东西也不一定就能超过老东西，自己要头脑清醒，独立思考，判断识别，不能饥不择食，随波逐流。我不反对'新三论'，但如果要应用一定要彻底弄懂弄通，不能囫囵吞枣，生搬硬套。研究中国古典文学要想推陈出新、另辟蹊径，必须具备深厚的基础和学养，从根本做起，不是读一两本方法论的书、搬弄几个时髦的西方概念就能解决问题的。食古不化和食洋不化均不可取。当然，创新很重要，方法也很重要。学术论文既要有理论意义，也要有现实意义，且要经得起时间的考验。"郑老师的一番话如醍醐灌顶，让我茅塞顿开，豁然开朗。

我们的论文初稿完成时，恰逢一辈子饱受肝病折磨的郑老师住院治疗，他躺在医院的病榻上一边输液一边审阅我们三个研究生的论文初稿，随后提出了详尽的修改意见，大到观点论据、篇章结构，小到遣词造句、索引备注。令我们深受感动。

到了毕业论文答辩的那一天，中山大学中文系的卢叔度、邱世友及本校中文系的汤擎民、王景霓和我的导师郑孟彤诸位教授一起组成答辩委员会端坐台上，中文系当时的青年教师杨珍妮任答辩秘书坐在一旁。答辩会场上人头涌动。

同门师兄弟三人中我打头阵，率先出场。我首先简略地介绍和阐述自己论文的缘起及意义、内容提要、方式方法，说明需要补充及有待深入研究的问题，检讨论文的不足之处。接着进入答辩环节，由评委提问我作答。毕竟站过两年大学讲台，我坦然应对。

临毕业时，暨大首位博士丘进（历史系中外关系史专业 1985 级）已任研究生院筹备处副处长一年。他找来了两套当时尚不多见的学位服，亲自拿着相机躬身弯腰在研究生院筹备处办公室外面的走廊里为我们拍摄穿着学位服的照片，且不厌其烦，有求必应。

时光跌宕，风云起伏，转眼到了毕业季。

1989 年 6 月 10 日，学校按计划在大礼堂举行应届学生毕业典礼。暨大校长、广东省原省长、省顾委主任梁灵光，校党委书记张德昌，第一副校长何军，副校长李炳熙、云冠平、冯泽康、周耀明、饶芃子，副书记伍国基等校领导出席。

这时，一些到外地工作的同学已经离开广州，我在 5 月底也已经到工作单位报到上班。接到通知后，我特地请假回校参加毕业典礼。

毕业典礼的一个重要环节是颁发毕业证和学位证，那时证件不是逐个学生一一颁发，而是每班派两个代表上台领取，一个领毕业证，一个领学位证，下来后各班再自行分发。

研究生院筹备处指定班长王敬力和我为文学院 1986 级研究生的代表上台领证。颁证时校领导站成一排，我们排队依次上台领取。等我在乐声中登台站定后转身惊喜地发现，给我颁证的正好是梁灵光校长。他微笑着向我伸出了右手……

毕业典礼结束后，因两个同门师弟早已离校到外省工作，我独自去郑老师家感谢和看望他，并把刚领到的毕业证和学位证呈他过目。满脸病容的郑老师接过证件一一翻看后露出了微笑，一连说了几次"祝贺你"。而我却有些不敢直视他的目光，因为毕业时郑老师曾一心想让我在高校教书，但后来基于现实的问题我选择了去一个完全陌生的学科领域重拾老本行编报刊，没有追随他在中国古代文学研究的道路上走下去，故对他心怀愧疚。

握别郑老师转身迈出校门的那一刻，我的心猛地战栗了一下，脑子里霎时一片空白。从此，我告别了学生时代，也与中国古代文学研究渐行渐远。

读研的三年时光不过是历史长河中转瞬即逝的一刹那，但对我而言却是一段值得用一生来纪念和回味的时光。记得以前读帕乌斯托夫斯基的《金蔷薇》，里面有一篇文章叫《心灵的印痕》，题记引用诗人巴丘什科夫的诗句："啊，心灵的记忆！你比理智忧伤的记忆还要强烈……"

在暨大读研无疑就是我心灵的记忆。

从 1978 年 2 月读大学到 1989 年 6 月研究生毕业，我人生命运的重大转折正好与中国社会剧烈转型的轨迹相重叠。前行的路上交织着激情与梦想、困惑与迷茫，几经风雨，几番历练。但风波的洗礼、浪潮的冲刷、岁月的磨砺更让我清清楚楚、切切实实地体悟到：我们这一代，个人的前途命运永远与国家和民族的前途命运紧密相连。无论在什么地方、什么单位、什么岗位，个人的价值也只有在实现了国家和民族的价值，实现了社会和单位的价值之后才最终得以实现。而这种始终把个人的未来与国家和民族的前途联系在一起的习惯与自觉，从根本上说是来自学生时代接受的教育和描绘的人生底色。

岁月的列车呼啸而过……

暨大是我生命中一个重要的人生驿站，一个精神的家园，一个灵魂的故乡。作为一个普通平凡的毕业生，走出校门 33 年，我自愧不能给母校添砖加瓦、增光添彩，只能记录下这些零散的时光碎片以示感恩和怀念之情，并以泰戈尔的著名诗句聊以自慰："天空没有翅膀的痕迹，而我已经飞过。"

（本文写作于 2022 年）

【作者简介】李希跃，暨南大学 1986 级中文系。编审职称，高级警官。曾任广东省文学艺术界联合会第六届委员会委员，长期从事中国古代文学研究、新闻采写、报刊编辑及文化组织工作。现为广东省作家协会会员、广东省摄影家协会会员，兼任广东司法警官文联秘书长、副主席。

暨南园里的那辆 28 单车

吴建初

　　南方的四季并不分明，9 月的广州，还是夏气逼人。很长时间我都不明白个中因由，后来才知道，中华文明起源于中原，二十四节气、四季的划分都以中原地区为基础，那个时候，南粤大地还是蛮荒之地，不在中原文化的版图之内。

　　1991 年，我还是个青春少年。那年的 9 月，我踏着夏日的热浪，坐了 20 多个小时的长途汽车，带着复杂的心情，走进暨大，开始我四年的大学生活。

　　历史不是简单的记载，而是生活和感情的积累和沉淀，是沉重的。我一直不敢轻易触碰静静安放在心里的那份沉甸甸的回忆。恰逢文学院征集校友往日故事，回忆的闸门一打开就关不住了。

　　四年的时间，说长不长，说短不短，但经历的事情，也不是三言两语能够说得完的。

　　要说收获，不是在校学了两门外语，也不是同时读了两个专业，而是暨大的底蕴给予我生命的滋润和升华，让我在青少年到青年这个过程有很好的成长。

　　一所大学，其魅力在于底蕴。

　　苍天古树，古典的建筑，丰富的藏书，儒雅的大师，都是底蕴。百年暨大，因年代的特殊，几经坎坷和颠簸，没有留下有特色的古建筑，甚是遗憾，但其他的都有。

入学报到的时候，迎接我们新生的师姐的美丽最令我惊艳，真如路两旁的古树最让我震撼。现在，有时候回母校，我还是喜欢在真如路走一走，感受两旁古树的沧海桑田。

我喜欢阅读，暨大图书馆丰富的藏书满足了我。哲学、文学，还有很多传记，可惜那时候国内市场经济刚刚起步，中外各种经济学书籍还不多。四年里面，我待的最多的地方就是图书馆。我很大一部分的阅读量是在暨大积累的。

至于大师，文学院更是名家荟萃。早期的梁实秋、沈从文、何炳松、周谷城、钱锺书，后来的卢苇、黄昆章、马明达、纪宗安、朱杰勤、陈乐素、汤开建、郭声波等，都是硕学闻达。我也有幸得到其中部分大师的亲自教诲，幸甚。

回忆的盒子里，储存的人和事太多了。但暨大那辆 28 单车，待在角落里，那么特别。

90 年代的广州，没有地铁，也没有轻轨，公共汽车线路和班次也有限，单车算是比较有效的交通工具，而且也可以在校内代步。那时候，校内单车的二手市场交易比较活跃，除了毕业正常转手，还有很多来路不明的二手单车，丢单车是很常见的事，一辆好的单车或新单车，丢失的概率是非常高的，即使是上了三把保险锁。

我记得我那辆 28 单车，是上海永久牌的，属于名牌货，只是年龄比较大，应该跟我那时候的年纪差不多，除了铃不响，其他地方都响，但也可能是这个缘故，直到毕业，偷车贼都没来光顾，估计是瞧不上。

单车是当时的班主任陈老师送给我的。陈老师 50 岁出头，有点瘦，除了上课，还要带我们这帮新生，不容易。一入学，陈老师就钦点我担任班长，那时候，我还有点儿不乐意。后来，我才知道，很多同学都想当班长。在大学，参加社团活动，担任学生干部，有助于入党和毕业工作分配。从第二年开始，我们班实行民主选举，我没有参选，自然落败。

陈老师家在学校里，在羊城苑那边。陈老师邀请我去家里几回，知道陈老师有一儿一女，且都参加工作了，好像也是暨大毕业的。陈老师讲的那门课，不是我喜欢的，但陈老师对我是真的好。看我周末活动范围比较大，就把那辆陪伴了他近 20 年的 28 单车送给我，他说反正他也不用了，闲着也是闲着。

长者赐，不可辞。我就这样接管了陈老师的那辆 28 单车，稍微收拾一下，开始了我有车一族的日子。

有车一族，活动半径更大。

第一学期，新集体还在熟悉，同在广州读书的高中同学，流行互相串门。我的 28 单车，周末就这样混迹于广州各大高校。

在广州的第一个五一节，我把单车踩到了花都，几个同学一起去了芙蓉嶂。第二年的国庆节，我更是踩着这辆单车，一个人向着韶关出发。

一个简单的背包，几件换洗衣服，兜里装着地图，一路走，一路看地图，那时候，没有手机，没有网络。

后来，为了抄近路，在清远山里一个小镇迷路了，晚上就住在镇上几块钱的旅社里。小镇环境不错，名字早已不记得，只依稀记得小镇有个小小的货运火车站。早上在镇上唯一的茶楼喝个早茶，花费不到 1 块 5 毛钱，每个茶点 2 ~ 5 毛钱。

路上车链条掉了几次，最危险的是，刹车皮磨损严重，下陡坡需要下来推车，刹车要靠脚撑地。这是我踩单车走得最远的一次，来回 5 天，屁股皮肤都磨烂了。

肉体不是很愉悦，但我的精神是享受的。我到现在都喜欢徒步运动，可能我内心一直都觉得，简单重复的日子是把钝刀子，容易磨灭人的精神和意志，而通过徒步运动，可以不时唤醒内心关于生命的呼唤，保持生命的活力。

有了韶关的骑行，后来的佛山骑行之旅，简直不算事儿。

这辆 28 单车，不仅可以代步，还是我谋生的工具之一。

大学期间，家里穷，能给我的支持有限，生活费的一大部分得我自己想办法解决。

我大一送过牛奶，凌晨 5 点钟左右，到定点处领取牛奶，然后踩着那辆 28 单车，按订户信息送到每个订户的牛奶盒里或手上，我主要负责珠委大院那一片，所有牛奶必须在 7 点钟前送达，让订户有时间享用早餐。

大二暑假的时候，淘到一批女生的小背包，批发过来后，踩着那辆 28 单车，到各高校女生宿舍向留在学校的女生推销，每个小背包卖 15 块钱左右，每个可以赚 3~5 块钱，那个暑假，赚了人生的第一笔小钱。

那辆 28 单车，见证了我整个青春期的努力与汗水。

刚入学时的陈老师和后来的班主任郑老师，是我在学校接触比较多，对我的成长影响很大的两位老师。

陈老师，可能是年纪有差距，毕业后，也回去探望过几次，但我没有从事本专业工作，很是惭愧，后来联系渐少。但对于陈老师和那辆 28 单车，在我的内心深处，一直是个特殊的存在。

郑老师是研究生毕业留校直接担任我们的班主任，年龄差距不大，跟同学们联系沟通自然比较多。毕业后，对我一直很关心，直到现在，我们都有比较多的联系。

每每想起在暨大的往事，都很激动。江山代有才人出，我们走了，又有一批批优秀的师弟师妹走进暨大文学院，走向世界，走向未来，这就是优秀大学的底蕴，在传承中发展，在发展中传承。

四年的暨大生活，是我一生难以忘怀的时光。刚入学的时候，由于没有去到自己喜欢的专业，我觉得我的未来有点儿灰暗。但毕业的时候，我是带着生气和满怀希望走向社会的。

生活，并不是一列定向的火车，只要努力和坚持，就有各种可能。我们终将相信，我们带着善良对待生活，岁月也将回报我们以温柔。

【作者简介】吴建初，暨南大学 1991 级历史系。

华文教育之花

——忆裕珠

钟毓材

一

应该是 20 世纪 90 年代的第一年，旭辉告诉我，裕珠从加拿大多伦多到北京开会之后，回程路经广州，特地到暨大母校拜见张德昌书记和饶芃子老师，也和旭辉、卓才等同学见了面。她问起我，旭辉告知她我在美国，她说："当年在大学期间，我和毓材是比较亲近的同学，他在思想和学业上帮助我很多，我很感激他，很想与他联系。"我问旭辉，裕珠到北京开什么会。旭辉说，她接受国家邀请参加在北京召开的世界华文教育首届研讨会，她在加拿大多伦多的华文教育事业上作出了贡献。"哇！不简单，裕珠为暨大争光了！她虽然身处海外，但并没有忘记祖国，没有辜负萧殷和杜桐主任的教诲和期望，在多伦多华文教育事业上作出贡献，得到中国驻多伦多领事与国家侨办的嘉许。"旭辉说，是呀，这次她回暨大，北京有关部门首长还特地打电话给张书记，说："你们有位校友黄裕珠从加拿大回国开会，准备回母校参观，她是国家邀请的贵宾，请你们务必好好招待她。"张书记说："我们会的。"旭辉告诉我，几十年不见，裕珠依然像从前那样豪爽、热情、亲切。她十分怀念大学时代的生活。我说：

"阿旭，裕珠是我们梅州同乡，和我又同是归国侨生，她在暨大读书的时候，追求进步，性格豪爽、活泼，特别喜爱话剧，工作与劳动都表现得很积极。她知道我会写小说，希望我在文学写作上帮助她，我们又曾经一起参与电影剧本的创作，一起到过中山海上，与渔民一起体验生活，一起去过很多次珠江电影制片厂，很多时候在一起讨论、研究剧本，久而久之成为亲密的同学。我也时时想念她，知道她在多伦多，可是没有她的地址，无法和她联系上。"旭辉说等他们再见到面就把她的地址给我。那时候我已经计划从美国回流东方，在泰国曼谷投资点儿生意，与两个弟弟一起开设制衣厂，那期间，我在美国、泰国和中国香港三地奔走忙碌着，始终未能和裕珠联系上。

到了第二年，玉梅告诉我，裕珠不幸病逝了，我顿时感到失落、哀伤、惋惜……怎么会？她才50多岁，正当壮年，是最有作为的时候。原本以为和裕珠联系上，或者相约见到面，有许多话要和她说的。我要告诉她，我虽从商，却没有放弃文学，坚持业余创作，出了书，我更要祝贺她，作为老同学，为她在海外华文教育事业上作出成绩而感到骄傲。然而现在没有机会了，没有了……四海漂泊，春去秋来，异乡的长夜里，午夜梦回，不时浮现出与裕珠在暨南园中同窗共桌温习功课、明湖畔漫步谈心的景象。裕珠突然病逝，让我迷惑生命的无常，哀叹绽放的花朵忽然在西风里凋零，为她的早逝感到伤痛……

到了千禧年，裕珠的先生王炳中回国参加世界客属宗亲会，途经香港，玉梅和他在酒店见面，然后给我打电话，说炳中找我。我们通了电话，说的是客家话，分别将近半个世纪，听到彼此的声音后感慨万千，既高兴又悲伤，惋惜失去了裕珠。他说："是啊，没有想到，她会突然中风，抢救无效而身亡。"他又说："毓材，她时时提到你，很想找到你的。遥想当年，我们一起游东湖、烈士陵园，一起看电影，你和素娴、玉梅还不时到我家，吃我妈煮的菜，那些年，我们大家有过欢乐与美好的时光！"我说："是的，我记得，我和素娴也时常怀念着。现在我们联系上了，以后可以常联系。"炳中告诉我，他担任多伦多客属宗亲会的工作，会经常回国参加会议，也回过梅州老家好几次。"因为明天一早坐飞机回加拿大，毓材，下次我们再约见面。"我说好，并要求他把裕珠的资料给我，准备将来撰写回忆录用，他答应了。

回到多伦多，他通过裕珠在香港的表妹把裕珠的资料寄来给我。厚厚的一叠资料，其中有炳中书写的裕珠生平事迹，附有五张相片，两封有关裕珠逝世的英文吊唁信件，一篇荷兰华文学校纪念裕珠的文章《忆故友》。我看了，深为感动，也很哀伤。这些资料对我来说，无疑是珍贵的，我会好好保存。还没有来得及感谢炳中，裕珠的表妹打电话告诉我，炳中忽然中风病逝了。这不幸的消息，又增添了我无限的哀恸。炳中突然离世，我们相约成空，从此无缘再相见了。纷繁世间，人生苦短，对于裕珠和炳中过早逝世，作为他们的老同学、老朋友，我是惋惜的。

二

黄裕珠1937年生于中国广州，父亲为侨居印度尼西亚邦加岛的第五代侨生，是一位有名的西医，祖籍广东梅县。裕珠童年在家乡梅县读小学，1950年跟随父母亲全家迁回印度尼西亚邦加岛，不久再迁居印度尼西亚首都椰加达（今雅加达），1951年至1954年在雅加达协和初中读书，1954年至1957年在雅加达八华中学读高中。高中毕业之后，她与当时广大进步的爱国青年华侨一样，响应祖国号召，以满腔热情奔赴祖国怀抱。1957年进入广州华侨补校，1958年考入新办的暨南大学中文系，成为首届中文系学生。她在暨南大学求学的五年间，认真学习，积极争取进步，工作和劳动表现出色，努力学习、工作之余，还热心参与学校各种文艺康乐活动，被选为暨大文工团话剧队队长。裕珠曾被选为"暨大五好学生"和"暨大侨生积极分子"，出席过广东省归侨学生先进分子代表大会，受到暨大及广东省侨务部门的表彰和奖励。张振金同学记忆犹新——我们在江村炼焦，萧主任亲临炼焦工地，见到裕珠一身煤灰，只露出一双眼睛，认不出是谁，我对萧主任说是裕珠。后来我把表扬裕珠劳动的一首诗给萧主任看，他十分感动。萧主任对我说了三个"想不到"：想不到炼焦时间这么长，想不到炼焦这么苦，想不到同学表现得这么好。尤其是港澳、华侨学生的表现更令他想不到，例如黄裕珠这样一个华侨女学生……1963 年黄裕珠中文系毕业后，响应国家号召——应届大学生到祖国最需要的艰苦地方去为人民服务，她被分配到花县炭步中学担任高中语文教师。裕珠在艰苦环境下，为培养农村中学生尽心尽力，一干就是15 年。任教期间，裕珠多次被评为"先进教师"，并出席花县及广州先进教师代表大会。

1978 年，黄裕珠全家按侨务政策获准出国到加拿大与亲人团聚，裕珠与夫婿王炳中及三个孩子定居多伦多市，在新的、陌生的环境下，一切都得从头开始。她乐观、进取、勤奋，投身医院护理工作的 10 年间，怀着热爱日以继夜忙于护理与关心医院患者的工作，深得医院领导、医务人员及患者的爱戴和赞扬。裕珠在努力融入主流社会的同时，并没有放弃在暨大所学的知识，没有忘记传承与宣扬中华文化的责任，时刻关心加国华文教育，她接受多伦多市教育局的聘请，担任公立小学中文兼职教师，发挥了暨大中文系培育的素养和教学技能，积极为宣扬中华文化、发展华文教育、促进中加两国人民友谊作出了有益的贡献。裕珠得到了祖国的认可和嘉奖，祖国也给了她荣誉。1989 年，中国国务院侨务办公室在北京召开世界华文教育首届研讨会，邀请裕珠作为加拿大多伦多代表到北京出席盛会，与全球各地华文教师研讨和交流华文教育经验，她本人在大会上作了专题发言。裕珠会后到上海、山东等地参观和交流华文教学经验。除了教学，裕珠还为多伦多华人小区做了许多工作，曾被华人小区选为多伦多市教育局的华人学生家长协会主席。1992 年，黄裕珠由于长期辛勤工作，积劳成疾，因心脏病发作，两次中风，于 8 月 12 日医治无效，与世长辞。

噩耗传出，引起侨社及亲朋的悲痛，追悼会有 200 多位亲友及社会各界人士参加。中国驻多伦多总领事馆派出 2 位领事前来致哀，并代表总领事馆赠送花圈。多伦多市教育局、多伦多全科医院也派出代表赠送花圈。安大略省议员、多伦多市议员及教育局委员也亲临哀悼。

以上文字来自王炳中书写的《黄裕珠生平事迹简介》一文。他附来两封悼念裕珠的英文信件，还有一篇是荷兰华文学校校长阮素文写的悼念裕珠的专文《忆故友》。

阮素文校长的文章，让我们知道裕珠原来担任北京出版的《华文教学通讯》的多伦多特约通讯员。她们是在北京召开的世界华文教育首届研讨会上相识的。她们一见如故，成为好友、好姐妹。阮校长赞扬裕珠的为人，欣赏她的才学，说裕珠在大会上朗读自己创作的诗篇《光荣的使命》，赢得热烈的掌声。对于裕珠的离世，她表示深切的哀悼，她写道："她，虽不是什么伟人，又没有什么丰功伟绩，但是她一生坚强、勤奋、真诚，热心公益，更为侨居地的华文教育东奔西跑，现在她虽然离我而去，但她的精神、她的音容笑貌将会永远活在我心中。裕珠，我的大姐姐，我怀念你……"以上文字，动心动情。是的，裕珠永远活在我们心中！

三

遥想当年，在那火红的年代，暨南园、明湖畔五年的大学生活，我们怎么能够忘记？由于我和裕珠都是从印度尼西亚回国的爱国侨生，是梅县同乡，又同是热爱文学、积极争取进步、有着共同梦想的人，很快我们便成为比较亲近的同学。我们一起温习功课，一起讨论写作，一起劳动，一起演出话剧《扬子江暴风雨》，一起创作电影、剧本……我们时时在一起谈心、谈人生、谈理想。

她介绍在印度尼西亚的长兄黄裕荣给我认识。这位印度尼西亚著名华文作家的名及其传奇故事，我早有耳闻。裕荣从小得了小儿麻痹症，不良于行，然而他身残志坚，坚强勤奋，苦学成为作家，被称为印度尼西亚的保尔·柯察金。他担任当地华文报纸《忠诚报》文艺副刊"火花"的主编，创作了许多诗歌、寓言和文学评论文章，获得爱好文学的青少年的爱戴与尊敬。一经裕珠的介绍，我和裕荣便成为知心的文友，相互通信，共同讨论文学创作。

裕珠又介绍她的男朋友王炳中给我认识，炳中是她同乡。我们都是梅县客家人，有着共同语言，很快成为好朋友。炳中高高瘦瘦，白白净净，长得一表人才，是个有学识的人，思想进步，觉悟高。从中山大学毕业后他被分配到中山医学院马列主义研究室当讲师，也曾担任广州第十六中学的政治指导员。那时候，炳中的母亲也在广州，他们在东山租了房子。王伯母是一位慈爱的妇人家，又是烹调高手，煮得一手好吃的客家菜。她把大学生时代的黄裕珠（也就是未来的儿媳妇）当作亲女儿般疼爱。由此，裕珠的好同学——我、素娴和玉梅也被王伯母疼爱着，怕我们饿着，不时煮些好东西给我们吃……王伯母的疼爱，我永远都记得。那些年，我们有过值得回忆的喜乐与美好的时光，我们一起游赏明湖美景，一起观看电影，一起欣赏歌舞剧《宝莲灯》。往事并不如烟，春梦也不是了无，前尘往事依然清晰，历历在目。裕珠，你不会忘记，我们挑灯夜战，流着汗水，用双手挖筑明湖，由此，暨南园才有了这一颗明珠、这一座地标！我们长忆明湖的美丽，花红柳绿，湖面倒映着蓝天白云……如我如你，不论经多长的岁月，经怎样的风雨，纵然是在天涯海角，明湖都在我们心中……

裕珠，你不会忘记，我们一起参加电影剧本的创作小组，得到学校和系领导的重视与支持，特别批准我们五个同学——你、我、振金、兆汉和锡房，到中山海上体验渔民生活。我们和渔民一起坐船出海，迎着朝阳，乘风破浪，你激动、喜悦、兴奋；看见捕获大量的龙须鱼，我们为渔民的丰收而欢呼……我们多次到珠江电影制片厂，我们的电影剧本初稿得到编导们的指导和帮助，获益良多。我们又实地观赏电影拍摄，你好感动、好惊喜……裕珠，你一定不会忘记我们中文系的壮举——参与采写《岭南春色》的活动，我和你，还有李耀华、温锦珠与冼燕萍到清远县的马头石山，采访广东特等劳动模范曾桂梅女士。马头石山矗立在清远县北部，当这座好像骏马腾空似的雄奇大山出现在眼前的时候，我们禁不住惊呼起来。当我们知道曾桂梅女士不平凡的传奇事迹之后，肃然起敬。她就是生长在这大山里的人，一个贫苦的孤女，在党的培养下，从土改干部到公社书记，十多年来，她带领山区人民艰苦奋斗，开山辟地，建造水库，把贫瘠的山地变为良田，彻底改善了山区人民的生活，获得人民群众的爱戴和拥护。她多次被评为劳动模范，还上过北京，和中央领导合过影。我们见到的，是瘦削硬朗的五十来岁的妇人家，朴素而平凡，然而雷厉风行、干劲冲天。我们初来的几天，她无暇接受采访，忙于开会，组织群众准备春耕以及疏通河道等许多工作。当她得知我们是从境外回来读书时，又好像母亲似的关爱我们；她让厨房特地做了丰盛的一餐招待我们，满怀歉意而又深情地说："你们都是祖国的好儿女，离开父母回来读书。今晚在这里就像在自己家里一样……"平日干练的女强人，这时呈现出慈爱的一面，还夹菜给你们女生吃，裕珠，你感动得眼含泪花，问道："曾书记，我们可以认你做妈妈吗？"她反问道："怎么不可以？"于是我们有了曾妈妈，了不起的曾妈妈！离开的时候，我们依依惜别，舍不得离开曾妈妈。回程路上，我们频频回望，想多看两眼那像骏马腾空的马头石山，那雄奇的大山！

…………

裕珠，我希望与你联系上，自然更希望能够和你相见，我要告诉你许多分别后的事情。1969年，我离开17年之后重回第二故乡，在雅加达由我童年好友林万里相陪到你家见到了你长兄裕荣和你父母亲。林万里是印度尼西亚知名的华侨作家，曾经和裕荣在翡翠文艺基金会一起工作过，彼此很熟悉。我的到来，令裕荣惊喜万分。"哎呀！毓材，想不到你会回印度尼西亚来，更想不到我们会有见面的一天！"不过很快，一问起你，大家的心情沉重起来了。在那特殊时期，无从得知你的近况，你的亲人担忧你的安危。印度尼西亚也刚刚经历了惊天动地的风云巨变，血洗之后大地残留的废墟处处可见；大举排华之后，华侨成为惊弓之鸟，如今全面禁止华文，偌大的城市再也见不到一面华文招牌，华文报纸没有了，裕荣也放下了笔，他感到失落、惆怅。我们感慨唏嘘，身处乱世，觉得无奈与悲哀，我们相对无言。

裕珠，我要告诉你，我和素娴有两个孩子，一个女儿、一个儿子，我们全家 1973 年移民美国，素娴和她的父母亲团聚，我们先在纽约八年，经营罐头食品批发生意，后迁居弗吉尼亚州的亚历山大镇，改为经营冷冻海鲜批发生意。我从商之余，没有放弃文学创作，写了许多作品。裕珠，我和素娴时时想念你，惦记着你。祖国改革开放，演绎春天的故事，我计划回流东方了。

裕珠，我要告诉你，我和萧殷主任联系上了，他在"文革"中受尽折磨，如今身患重病，长住医院，他写信关心我和素娴，牵挂着境外的学生。我知道，当年萧殷主任也是特别疼爱你的……

裕珠，我还要告诉你，我这一生有许多奇遇。我在纽约见到了霭媚，她在医院担任高级护理，没有结婚，独身……她记得你。裕珠，真的，我有许多事要告诉你，以为我们可以联系上，更希望能够相见聚会，然而什么都落空了，再没有机会了……万万没有想到，带给我的竟然是噩耗，是许多人的哀思，来自多伦多的哀思！

花开花谢，寒来暑往，时间永恒地流逝。裕珠和炳中，这一对恩爱夫妻，爱国爱乡的客家儿女，从此双双长眠在异国的土地上，地久天长。北国的春花夏日、秋天的红叶和冬季的飘雪，都会陪伴着他们日夜望乡的灵魂……

（本文写作于 2022 年）

【作者简介】钟毓材，祖籍广东梅州，印度尼西亚归侨。暨南大学 1958 级中文系。中国香港郑和研究会名誉会长，中国香港散文诗学会名誉顾问，中国华侨文学艺术家协会会员，中国香港作家联会永久会员。几十年来，在中国、美国、泰国经商，业余坚持文学创作。已出版长篇小说《淘金梦土》三部曲（包括《阿彩夫人》《黄红故事》《大地主人》），长篇小说《故乡别传》三部曲（包括《南来庵内外》《老家鹞婆岌纪事》《离乡的女儿》），中短篇小说集《寻梦的香港人》《美梦飘逝》，大型歌舞剧本《施大娘子》《花外钟声》和历史奇情影视长篇小说《飞越雄关》（与钟子美合作）。

纪念秦牧

张振金

    纪念的文章难写，纪念秦牧的文章更是难以下笔。我怎么也不敢相信那一刻是真实的：1992年10月14日清晨，大约6点30分，秦牧夫人吴紫风在迷糊中听到一声巨响，接着又听到两声沉重的鼾声。紫风开始以为有人大力叩击他们的房门，而秦牧还在酣睡之中。于是，她大声呼问："是谁在叩门，有什么事?"没有人回答。此时，紫风侧身望向对面墙边，发现秦牧睡的床空空如也，便急速起床看个究竟。天啊！她看见秦牧那魁梧的身躯竟然倒在地上。她一下子被震惊了！立刻呼唤家中的人，费尽九牛二虎之力把秦牧抬到床上。这时，秦牧已闭上眼睛，昏迷过去。广东省人民医院用最好的医生和设备，全力抢救了几个小时，但他再也没有睁开眼睛。秦牧就这样像林海中一棵大树轰然倒地。他倒得如此骤然、如此急速、如此出其不意，连医生也无法解释，只给出四个字：心脏骤停。

    其实，对于他的死因，我心里是清楚的。

    我认识秦牧20多年，常常到他家里求教探访，每次看见他不是在伏案写作，就是同客人娓娓而谈，或者从外面开会、办事匆匆归来。在我的印象中，他没有一刻清闲过。他出身于一个破落的华侨家庭，自抗日战争初期从新加坡回国，就一直为抗战奔走呼号，颠沛流离、失业、挨饿……新中国成立后，他一直担任繁重的行政和编辑工作，只当过三年"专业"作家。即使在这三年中，也有数不清的创作会议、发言、审稿、评奖、写序，辅导青年作家、改稿和各种应酬。"文革"中被迫搁笔十年。他生前出版了61种文学作品，约500万字。他的大量作品，都是放弃节假日的休息和娱乐，如鲁迅先生所说，是"在别人喝咖啡的时间"写成的。就以1978年为例，他被借调到北京国家出版局，参加《鲁迅全集》的注释审定工作，他把全集的前五卷和16种单行本的注释一一细审，进行修订。他曾经对我说，这一年他的工作量大大超过新中国成立以来的其他年份。就是在如此繁忙的日子里，一有空他就走胡同、入果园、登长城、访人家，写下了相当数量的优美散文，这就是当年结集出版的《长街灯语》。

不管做什么工作，秦牧都恪守一个准则——对人民负责。20世纪70年代末，他担任《作品》杂志主编，每月从编稿、发稿到清样，要看80多万字。那时他的住房很窄、很暗，所以他常把稿子带到附近的公园里看。有一次，傍晚响起关门的号铃了，他没有听见，直到夜色昏暗，看不清字，才发现园中无人，大门已关，最后只得爬墙出来。他总是亲自校对稿件，每次把大样拿回编辑部，都会对编辑人员说："你们看看还有没有错别字。"大伙传看后发现，所有的错别字都被他细心改正了，这得费多大工夫啊！

我自然不能忘记他那个醒目的"恪"字。1991年，我应百花文艺出版社之邀，为"当代散文丛书"编一本《秦牧散文选集》。出版社规定，入选丛书的作者均是这一时期的散文名家，所选的作品尽可能照顾到作家散文的发展脉络，还要求在作品前写一篇万字以上的评论性序言，除了简述作者的生平，还要重点结合所选的散文，分析、评价其艺术特色及创作发展的道路和影响。我把选好的几十篇散文拿去征求秦牧的意见。秦牧再三表示谢意之后说："挑选哪些作品，完全由你定夺为好，不必征得作者的同意。"但那篇13 000余字的长篇序言，我生怕写得不妥，很想请他审读一次。恰在此时，听说他在开会时因劳累过度突然晕厥倒地，还住在医院。

我思量再三，事关紧要，又怕加重他的病情，便先给他打电话，不料，他十分爽快地答应了，让我把稿子送来给他翻阅一下。第二天他就把稿子看完了。我发现他并非"翻阅"，而是细读。因为我把"秦牧在艺术上恪守独创一格"的"恪守"误写成"格守"，他在旁边端端正正地写了一个"恪"字。我不能不为之感动和愧疚。

秦牧为人谦虚真诚却又异常坚强耿直。我读过紫风的一篇散文，说他在"文革"期间被下放到干校劳动，打泥砖、种菜、拉牛车、挑泥土，什么重活都干过。两三年时间，挑断了七八条扁担。上山扛木头，别人扛一根，他扛两根。即使在那样的逆境里，秦牧也是拼着性命干活的。

我发现秦牧每到一个地方，都是"带着探索者的眼光"，随时随地观察生活、了解社会，养成了一种勤于学习和思索的习惯。平日在家里或外出开会，他喜欢和各种各样的人娓娓而谈，他说这是体验生活、积累知识的一种方式。他从不做笔记，却能把有用的细节、语言甚至数字记得清清楚楚。我问他为什么有那么好的记忆力，他说，当你对某件事情极其注意的时候，就能铭刻在心了。这就叫做"注意产生记忆"。他曾给我写过一封信，讲到他不但到过全国各大区，到过十多个国家，而且做过农民、渔夫和教师，从事过六七十种劳动，体验过各式各样的生活，并在死亡线上挣扎过。他那比较丰富的知识，就是依靠体验生活、广泛涉猎、博闻强记得来的。当他进行创作的时候，"并不单靠直接或间接的知识，而是将全部直接、间接的知识，以至推理而得的知识，融会贯通，加以运用"。唯有这样做，作品才能深厚。

人们都尊崇秦牧思想敏锐，才华横溢，知识渊博，性格幽默，他在平时也善于用流畅、活泼的语言，娓娓动听地讲述一个又一个生动有趣的故事，让你明白一个个新鲜的道理。1990年9月，广东省社科院、广东省文联和广东省作协准备研讨省内几位卓有成就的作家作品，先举行"庆贺秦牧从事文学创作五十周年暨秦牧文学作品研讨会"。会前，我到秦牧家里，把这个意图告诉他。他很高兴，因为他觉得自己的劳动得到了社会的尊重，同时受到了人民的爱护，这是一位作家最大的幸福。但他又有点心虚，甚至有点害怕，愧问自己是否名实不符，名过其实。他对我说："我们这个世界，多的是'四舍五入'的事情，'四'和'五'相差很小，但是五进而为十，四舍而为零，这样就相差很大了。其实，这并不是很公平、很科学的。处于'五入'状态的人，赢得的常常有相当部分是虚名。"接着他又问我："我会不会属于这样一种人呢?"我立刻被秦牧这种谦虚真诚又至情至理的肺腑之言折服了!

上个月初，《秦牧全集》增订本12卷由广东教育出版社出版。我作为编委之一，对于秦牧的作品，尤其是秦牧视为"正业"的散文作品，是认真阅读过的。这600多万字的作品，历时半个多世纪，中间经历过多少风云变幻，但都经得起历史的考验!今天仍觉常读常新，深受教益。我想，这是因为写任何题材，他都恪守从人民利益出发。秦牧也说过，"写作应该对社会进步有益"。我深深感到，秦牧是一位对自己的国家和人民最具爱心和责任感的作家。他描写的都是生活中发生过或存在着的事物。他的思考能力是惊人的。任何事物一进入他的作品就变得细致有趣、生机蓬勃，"引人走进一个哲理与诗情交融的境界"，着力为人类呼唤正义、自由、和平、真理，倡导人民树立高尚的操守、信念、道德、理想。

这是散文创作的大气象，也是秦牧终生恪守的。

秦牧的最后一篇作品是《敢想敢干的神话》。可惜这篇作品只有一行标题，这是他在去世前夜写的。那天清晨，秦牧起床就是为了写这篇文章。因为疲劳过度，造成心脏骤停，轰然倒地。可以说"他最后一篇作品不是以笔墨写成，而是用生命去完成的"。

（本文原载于《散文》2009年第1期）

【作者简介】张振金，暨南大学 1958 级中文系。历任广东省社科院文学研究所所长、中国散文学会副会长等职。出版过《中国当代散文史》《张振金文集》等 27 部个人专著及主编《二十世纪中国散文史》10 余部，获得 2014 年全国第六届冰心散文奖等奖项。

一场仅 14 人的毕业典礼，让暨大在全国超前

吴名高

一声哨响　暨南 MBA 开办

2022 年 4 月 13 日至 17 日，在第十四届全国商业模拟大赛中，暨大 MBA 一路披荆斩棘，在 55 支决赛队伍中脱颖而出，荣获一等奖。暨大 MBA 教育 30 年来获得无数这类奖项。暨大 MBA 和 MBA 联合会在全国 MBA 队伍中始终位居前列。在此，我们觉得有必要向全校师生和校友们讲述这样一段历史：暨大 MBA 始于何时，谁是吹哨人，最初谁是领导者、决策者和实践者。

1988 年，经济学院企管系主任何振翔教授对 1984 年毕业于暨大轻工班的同学讲解 MBA 教育，非常坚定地告诉我们：暨大一定要进行 MBA 教育，要走在全国的前列，你们也许是我们的第一批 MBA 学生。

于 1984 年毕业的轻工班，是由黄德鸿教授带领经济学院，为广州市轻工局定点培养的一个企业管理班，生源来自广州市轻工系统近百家企业，各企业推荐了近千人报考这个班，最终录取 100 人。这 100 人中有近半数是老三届，有一半人当过知青，全部都有 10 年以上工作经验，一部分已经是中层以上干部。到 1988 年，很多人已经有 15 年工龄。何振翔曾经担任轻工班系统工程课的老师，和同学们很熟悉。1988 年何振翔老师吹响暨大办 MBA 的第一声哨子之后，

得到了副校长饶芃子教授、博导黄德鸿教授、研究生处处长丘进博士等人的大力支持。生源决定在我们轻工班中招考，最后在我们轻工班录取了 12 名同学，于 1989 年入学开课。我有幸被学校选中进入这个研究生班学习，成为第一批听哨人和 MBA 实践者。

学校为这个班配备了全校的优秀老师。除了黄德鸿、云冠平两位博导亲自为我们授课和开讲座外，哲学家柯木火为我们开设哲学课，讲一党制和多党制；金融家何问陶为我们开设国际金融课；研究生处处长丘进博士为我们上管理英语课；黄德贵教授为我们讲西方财务管理课；何振翔教授为我们上战略管理课。我们还开了管理数学和数学模型、宏观经济学、微观经济学等课程。除了老教师外，一批年轻的、很有朝气的年轻教师（博士）作为老教师的助手与我们朝夕相处，其中有胡军、邓伟根、杨海涛、金健、黄和平等老师。何振翔老师找来最新版本的哈佛大学 MBA 英文教材，誊印后发给我们。我们班实行三三制教育试点，三三制是：课堂教育、案例交流讨论和带着问题回厂学习思考。何振翔老师带头主持讨论，课前课后与同学交流，了解企业经营状况，倡导理论知识指导工作实践。当时多位担任厂长和中层的同学，带着问题回到课堂，三年的学习在增长知识的同时解决了不少企业的问题。大家一致认为 MBA 学习很有必要，很有收获。到了后来，我们对案例分析和交流讨论已经驾轻就熟了。

我们这一批准 MBA 学生毕业了，全国的 MBA 试点还没有进行，更不用说授 MBA 学位了。暨大超前了！经过答辩，我们班同学授的是经济学硕士学位（工商管理方向）。学校从一开始就将我们列入 MBA。

何振翔教授一哨吹得响彻暨大，暨大在 1993 年成为全国最早的 26 所有MBA 学位授予权的高校之一；当时，暨大有 200 名 MBA 招生指标，而广东省其他学校合计才 100 名。随着暨大 MBA 的各方面经验逐步积累，包括教学大纲、师资配备、教学模式、招生对象、三三制学习方法、教材和案例的选取等均步入正轨，暨大成为华南地区 MBA 教育的先驱者。

师生情谊一生长　一家三人暨南情

这是一张只有 14 名学生参加的毕业典礼照，拍摄于 1992 年 4 月 20 日。在暨大，为这么少的学生举行一场毕业典礼，可能绝无仅有。我们一个班，经过三年的学习，14 位同学全部修完了 MBA 课程，学校为我们举办了十分隆重的毕业典礼，地点在邵逸夫体育馆小礼堂。典礼从奏国歌，到校领导致辞、教授寄语，再到学生代表致谢，一项不漏。典礼主持人是管理系何培秋书记，在主席台上就座的有副校长饶芃子教授、博导黄德鸿教授、企管系主任何振翔教授。这三位分别是开办这个准 MBA 班的决策人、领导人和运作人。黄德鸿教授以极大的热情指导着这个班的教学。我当时担任班长，与黄老接触十分频繁。

毕业之后，我花了一年多的时间写完硕士论文，1993 年底，系里安排我进行论文答辩。黄老通知我："我做你的答辩主席，答辩委员都是你熟悉的、造诣很深的教授，有梅育普教授、黄德贵教授、何振翔教授，还请了华工管理学院院长厉以京教授，答辩秘书是林福永博士。"这个超豪华的阵势，把我吓得不轻，虽然这些教授都是我的授课老师，厉以京教授是我在省经委开展培训工作时的主请教授。之后黄老向我解释道：学校十分认真地看待这次准 MBA 教育，你第一个答辩，希望开个好头。

1994 年 6 月，我被授予经济学硕士学位（工商管理方向），当时中国还没有 MBA 学位授予。黄老十分开心，俨然培养了一个博士。他之后对我说："来念我的博士。"我连忙解释：不念了，一是年龄太大，二是英语不行。黄老哈哈一笑，"顾着养家了"。

我的女儿吴戈 1999 年从企管系毕业。在校学习期间，黄老把她当亲孙女一样看待，关心着她的学业和成长。吴戈担任学校学生会副主席，黄老给予莫大的鼓励和支持。2000 年我和吴戈去黄老家，告知黄老吴戈准备去悉尼新南威尔士大学（UNSW）念硕士，黄老马上说：来，我来做你的推荐人。第二天，一封带签名的英文推荐信给到了吴戈手里。吴戈到 UNSW 入学时，连学校都觉得诧异。推荐一个本科生来念硕士，拿了三封博导的推荐信（另两封是胡军博导和隋广军博导的推荐信），可见暨大对学生的疼惜。校方当即通知吴戈免修与暨大本科课程相同的研究生课程，她一年就拿到 UNSW 的硕士学位。

2013 年 12 月 5 日，我陪同广东营销学会会长去探望广东营销学会创始人黄德鸿教授。黄老拿他平时锻炼身体的球，与我互相传递，开心地说："传波仔，返老还童。"这次见面我还告诉黄老，我的儿子吴翰已从澳大利亚回来，考取了暨大管理学博士研究生。黄老非常高兴，连说："后继有人。"

我儿子吴翰 2018 年从企管系博士毕业。我没有念博士，但儿子吴翰师从左小德博导，完成了博士学业，取得管理学博士学位，我觉得这是对黄德鸿教授最好的缅怀。

恩师黄德鸿教授有恩于我及我家人。黄老恩情永远铭刻在我心中。

【作者简介】吴名高，暨南大学 1989 级企管系。现任暨南大学校友总会名誉会长、暨南大学广州校友会顾问、暨南大学管理学院校友联谊会副会长、暨南大学悉尼校友会常务副会长兼秘书长。

毕业30年返校，64栋旁踢足球

袁晓露

2015年11月15日，是我校109周年校庆日，也是1981级校友毕业30周年返校日。1981级历史系和1981级生物系的校友在校庆前一天从世界各地赶回来，在曾经的64栋前组织了一场别开生面的足球赛。

30年前， 同在64栋的打闹中成长

1978年我校复办，学校安排历史系和生物系学生住在64栋（现苏州苑41栋）。当时男女混住，男生住一楼二楼，女生住三楼，大家都爱跑上跑下，在这栋楼里一住就是四年。

64栋有一个小院子，两个系的同学总是一起在这个小院子里踢足球。校友们说，当年，64栋前是文学院的课室，满院子飞的足球不知打坏了多少块课室的玻璃。后来，学校给每扇窗户安装上保护网。"这相当于学校默许我们的活动了。"曾经住在64栋的校友不无得意地说。

当时，简单的小院子里长满青草，在中间拉起网，小院就变成了排球场；在地上画起格子，小院又变成了象棋棋盘。同学们搬动特制的脸盆大小的棋子在地上下棋，两位同学站在楼上当裁判。这个时候，整栋楼的同学都会挤在走廊上观看这场博弈。

最有意思的活动是泼水节，据校友们回忆，64 栋前面住着生物系，后面住着历史系。生物系的同学霸占着门口的地理优势，不论来者是谁，都"进来一个就泼一个"。或许是听说整个活动太过热烈，1981 级历史系的辅导员林老师跑过来交涉。可是还没进门，就被不认识他的生物系学生浇了一盆水。见状不妙，生物系的同学赶紧躲了起来，历史系的同学成了替罪羊。时隔 30 载，聚会时这段往事仍被大家津津乐道。

"大家一起在 64 栋打闹，就这样成长着。"1981 级历史系的校友吕鸿山从美国回到母校后，第一个去的地方就是大学时代的宿舍楼。时光流逝，"64 栋是暨南园里唯一留存下来的旧楼"，斑驳的墙壁上仍有往日的痕迹。

30 年后，俩"对头"再踢一场足球赛

1985 年毕业时，1981 级历史系与 1981 级生物系在 64 栋旁边的小足球场踢了一场"告别赛"。当年，大家约定好 30 年后两个系的学生再踢一场足球赛。

时光荏苒，约定不变。去年起，大家就开始紧锣密鼓地筹备这场足球赛。"这次联合行动，最好的场所也是小足球场。"前期，校友们在香港定做了统一的球员和啦啦队服装。30 周年返校日的前一天，这场自发组织的足球赛如愿在暨南园举行。

"很不容易，大家差不多都来了。"一位校友介绍。两个系一半以上的校友目前都在海外生活工作，这次他们纷纷从美国、加拿大、新西兰等全球各地赶来赴这个 30 年前的世纪之约。

比赛中，男生先上场，女生后上场，两个系基本上是全部人员出动。20 世纪 80 年代初，读大学的并不都是应届生，系里年纪最大的和最小的相差 7、8 岁。1981 级历史系校友中年龄最大的已有 60 多岁，但这次比赛，他仍是历史系的主力，上场踢球时风采不减当年。"他一直很能踢，身体素质很好，一直坚

持跑全程马拉松。" 吕师兄介绍说。

队员们上场踢球时，啦啦队在一旁加油。"感觉就像在 64 栋的小院子里踢球，整栋楼的人都在给我们鼓劲儿。" 吕师兄一边说，一边翻出比赛时的照片。两个系的校友组建了一个名为 "64 栋" 的群聊，大家在群里上传了很多踢球时的照片。

校庆活动结束后，1981 级历史系和生物系的校友再次回到 64 栋，一起合照留念。熟悉的宿舍楼前，簇拥着熟悉的人。

【作者简介】袁晓露，暨南大学 1981 级历史系。

80 年代暨南大学鸟瞰全貌

旧教学大楼

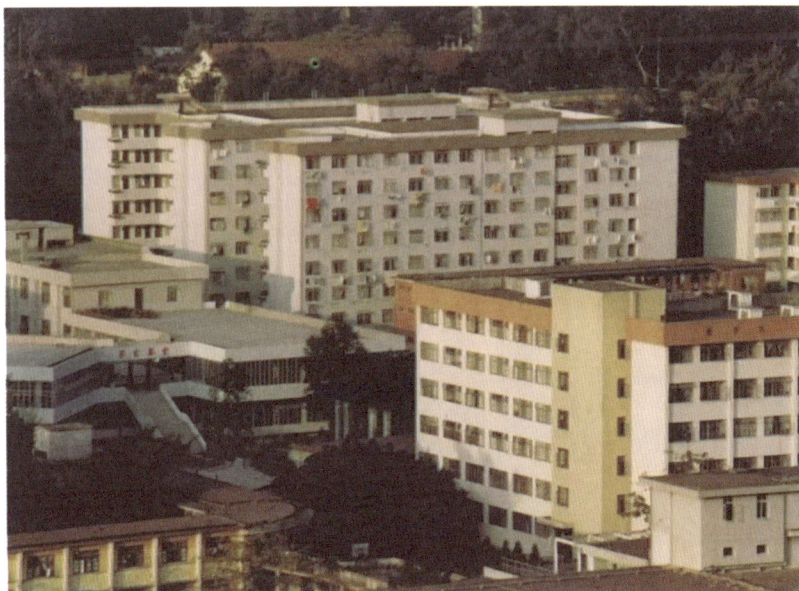

金陵苑（研究生、侨生公寓）

真如苑 23 栋（金融系宿舍）

1988 年，羊城苑经济学院女生宿舍大院门口。1984 级企管学生骑单车出发拍毕业照，后座载着学士服，系好借来的领带

建阳苑

汪国真（第二排左一）和同学合影

汪国真（中间拿扇子者）与同学出游

汪国真（左一）与同学在校门口合影

1985 年，著名作家、暨南大学中文系主任秦牧与中文系、新闻系学生合影

吴名高与黄德鸿老师合影

30 年前 64 栋的某场比赛

1981 级生物系在 64 栋前合影

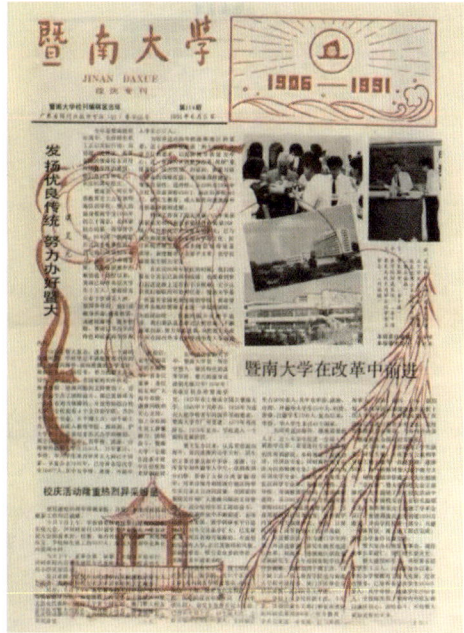

85 周年校庆专刊

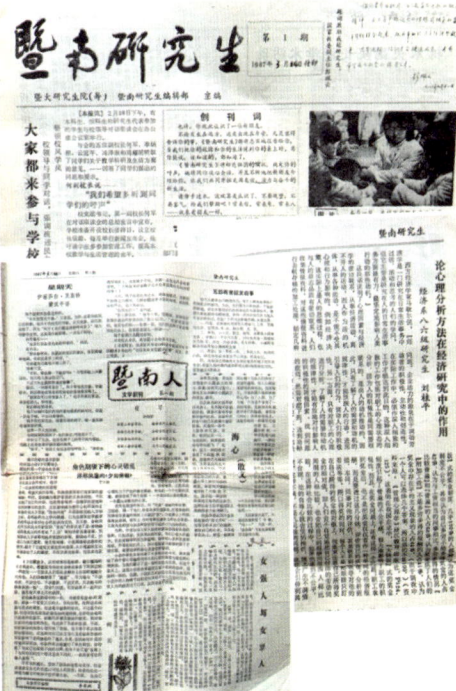

《暨南研究生》创刊号旧报

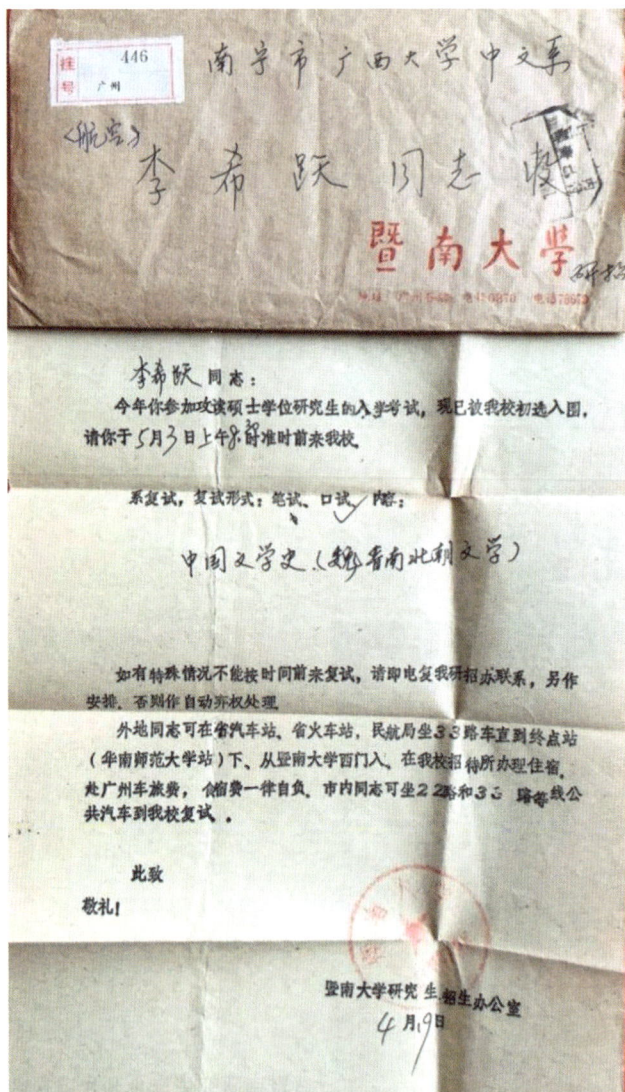

李希跃的复试通知书

第四章

湖亭映学苑 风光无限好

「蒙古包」

　　"蒙古包"，是暨南大学 20 世纪 60 年代至 80 年代的学生食堂，共有四座，坐落在现邵逸夫体育馆，是当年暨南园中最有特色的景观之一。四座食堂分布在东南、东北、西南、西北四个方位，有连廊相通，中心位置建有一座平房，是四座食堂的公用厨房。从空中俯瞰，四座食堂如四片大花瓣，厨房是花蕊，别有韵味。"蒙古包"除被用作学生食堂外，还在假期和周末作为活动中心，成为广大暨南学子举办文娱活动的场所，"蒙古包"因此成为众多校友关于母校最深刻的记忆和牵挂。

怀念"蒙古包"

黄卓才

　　"蒙古包"，20世纪60年代到80年代广州暨南园里的一座简朴的大食堂，在老校友的心目中，却是母校的标志性建筑之一，也是全国高校中独一无二的工程艺术奇葩。它装载过多少辉煌，多少欢乐，多少艰辛！如今，不见它倩影了，又引得几多暨南人深情叹息、深切怀念！

　　"蒙古包"虽然朴实无华，却显得相当雄伟，结构也很巧妙。它由四座由走廊互相连通的学生食堂组成，中心是大厨房。从空中俯视，它十足像四片大花瓣，厨房就是花蕊。每座食堂都是一样的圆形腰身、圆形屋顶，墙体是白色的，屋顶是灰色的。这种素雅色调，配上周围青绿的草地，上空的蓝天白云，远远看去，活像粗犷而浪漫的蒙古包。而屋顶与墙体之间装饰着的小飞檐和穹隆，令人很容易联想到牧人舞蹈中美丽姑娘飘逸的裙裾。食堂内部，由于没有柱子阻挡，空间广阔，所以饭桌一撤，就可变为四个大歌舞厅。每逢周末或假日傍晚，幽幽的肉香、菜香和饭香飘散过后，曼妙的歌声、欢腾的鼓乐声就响起来了。湿润的空气中夹杂着"星星索""哎呀妈妈"等印度尼西亚音乐的节奏，充满南洋情调。穿花衣纱笼的东南亚侨生和国内的学生在这个北国风格的建筑群里一起演奏、歌唱、跳舞，南北风情瞬间就融合起来了。也许正是这种独特的情调，吸引着来自世界各地的学子，也吸引着华工、华农、华师等周边兄弟院校的年轻人。连远在珠江彼岸的中大师生也会早早赶来，找到自己的朋友、同学，共进晚餐后，就双双步入舞池，踏着《舞会圆舞曲》的拍子翩翩起舞。于是，"蒙古包"成了友谊、快乐和青春活力的象征，成了开放、热情、爽朗的暨南风格的象征。怪不得来自蒙古草原的学生给它起名"乃子那拉儿，玛乃德义列味"！这是蒙语，意思是"好客的蒙古姑娘"。我是1958年入学的，也就有机会成为当年历史的见证人。40年过去了，每当我想起蒙古包，那"砰砰擦"的鼓点，"宝贝宝贝"和"风儿呀吹动我的船帆，船儿呀随着微风荡漾……"的悠扬歌声，依然在我心中回响。如今，暨大土风舞的精彩表演，在广州乃至全国都很有名，风头不减当年的文工团，我想，这就是蒙古包歌舞风气的传承吧！

然而，"蒙古包"的令人怀念，何止于此！这个建筑群动工兴建于1961年，次年建成投入使用，比明湖、老六栋教工宿舍、王宽诚教学大楼等几项大工程稍迟，但也属于广州暨大重建初期的重大基建项目。当时，我们国家三年困难时期仍未过去，在不能吃饱穿暖的逆流中，师生们却以大无畏的精神进行着艰苦卓绝的奋斗。新食堂建好了，饭菜依然很差。饭是"双蒸饭"。所谓"双蒸"，就是把每一份定量的钵仔饭反复蒸两次，使饭粒充分吸水膨胀。这样的米饭，口感自然是很差的，不耐饱，只不过是让视觉和肠胃获得一点儿安慰而已。菜，主要就是白灼通心菜，或者加上一勺杂锦酱（一种用蕉树头捣烂加盐做成的咸酱）。肉啊，鱼啊，乃是稀罕之物，难得一尝。由于当时国家实行粮、油、糖和副食品限量供应，不少师生油水不足，营养不良，患了水肿、肝炎，但大家没有叫苦，没有埋怨；相反，还幽默地把通心菜称为"无缝钢管"。大家每天啃着"钢管"，却照样刻苦地学习，开心地生活，愉快地参加校内外的劳动、体育运动和丰富多彩的文化娱乐活动。所向披靡的篮球队和以东南亚歌舞而闻名遐迩的文工团，就是当年暨大意气风发的写照。如果说，靠千余师生的双手和锄头、铁锹、簸箕等简陋工具，仅仅2个多月就挖出了一个24亩的明湖，是艰苦奋斗的成果；那么，"蒙古包"这个像草原牧民一样淳厚质朴、像天山牧歌一样明朗欢快的场所，就是暨南人乐观主义精神的明证。百年暨大，几经曲折，但始终屹立不倒，而且不断发展壮大，我想，跟这种百折不挠、乐观向上的传统是分不开的。

"蒙古包"的令人怀念，还因为它是培植师生深厚感情的摇篮。暨大在广州重建，说得准确点其实是新办。新人、新事、新作风，一切皆新。当时，陶铸校长是广东省委第一书记、中南局书记，公务繁忙，不可能住校，但他每次到来，首先关心的是教学质量和师生的身体健康，虽然不能经常亲临教室、食堂，但他总是指示要聘请好老师来上课，要给学生加菜。于是，每当哪一天每人的饭钵里多了一根腊肠，我们就知道陶校长来了。部队出身的梁奇达副校长保持着革命干部联系群众的优良传统，经常深入宿舍、食堂与师生谈心，为大家排忧解难。"吃得饱吗?"这是梁校长常用的问候语。在那个经济困难的年代，就是这样一句朴素的问候，让师生感受到学校领导发自内心的关怀和爱护。是啊，梁校长说"吃得饱吗"时那种关切的语气和慈祥的神态，足以让教师、学生牢记一辈子。当年，梁校长为了让师生吃得饱，减少因物资缺少对师生健康和教学的干扰，亲自带领干部到珠江三角洲等地寻找粮食和肉类；还发动华侨学生把侨汇证拿出来买副食品，办起"南洋馆"，让大家补充营养。学校还规定，领导干部要深入课堂、宿舍、食堂，随时了解情况、解决问题。所以，在"蒙古包"里，时常可以见到校、系领导的身影。我们中文系的萧殷主任是文艺理论大家、身后被国家批准树立塑像的当代名作家，却也经常和我们在一起。调去中南局时，他舍不得花时间到理发店去理发，就找到我们学生宿舍来。结果，还是我这个手艺很差的小剃头匠为他草草理的发。书记、教学秘书家在暨大，却常来食堂就餐，与学生聊天。大炼钢、炼焦、挖湖、筑路，师生"三同"——同吃、同住、同劳动，一起摸爬滚打，早已打成一片；再通过这样每天密切接触，一道与困难作斗争，领导与师生更加心心相连、亲密无间。这就是后来这段师生友谊可以保持几十年而且弥久益深的原因。

"蒙古包",1989 年因邵逸夫体育馆的兴建而被拆除,它在暨南园里仅仅存在了 28 年。但它见证了暨南大学的两次复办,经受了经济困难的严峻考验,经历了"文革"的洗礼,也目睹了几代暨南人的成长与交替。因此,从某种意义上讲,"蒙古包"是暨南人的精神家园,是暨南园的荣耀与骄傲。

(本文写作于 1998 年)

【作者简介】黄卓才,广东台山人。暨南大学 1958 级中文系,1963 年毕业。暨南大学中文系教授,国际关系学院/华侨华人研究院兼职研究员。广东省作家协会会员,广东省侨界作家联合会顾问。终生从教,从事写作学研究、华侨华人研究,业余进行文学创作。代表作长篇报告文学《鸿雁飞越加勒比——古巴华侨家书纪事》获第二届"中山杯"华侨华人文学奖。

"蒙古包"怀想

陈锐军

"蒙古包"并不是真的蒙古包，而是当年暨大的学生食堂，在某些同学心目中，它还是欢乐的厅堂和爱情的殿堂。

在我们入学的 80 年代，记忆中的"蒙古包"是坐落在一片绿草地中的四座穹顶式圆形建筑，四座建筑以连廊相接，中间是公共厨房。从空中鸟瞰，整个建筑群就像一朵盛开的花，四个"蒙古包"像花瓣，厨房就是花蕊，非常漂亮和富有风情。

"蒙古包"是暨大最有特色的建筑，1961 年动工兴建，1962 年竣工交付使用。据说当年建"蒙古包"时，正是经济困难时期，全国的基建项目几乎都下马了，而暨大却能在此时大兴土木建"蒙古包"，可见国家对暨大这所华侨高等学府的重视。

"蒙古包"最日常的功能就是学生食堂。我们读书的时候，暨大只有 2 000 多学生，专业也少，四个食堂好像是经济学院一个、数理化系一个、外语历史生物系一个、中文新闻系和医学院一个。"蒙古包"里平时摆放着数十张组合台凳，可容纳数百人同时就餐。我们班男女生关系还算不错，平时来往挺多的，但记忆中一到食堂吃饭就自动分开男女桌，许多女生还喜欢直接拿回宿舍里吃。大概有些男生吃相不雅，让女生不好意思了。

　　有两位男生吃饭给人留下深刻印象。一位是陈肇然，这是个特别能吃的主，饭量奇大，他用的饭盒跟小脸盆似的，每顿要吃至少四两饭甚至半斤，那每月28斤粮票都不知是怎么才够他吃的。然而吊诡的是，饭量如此之大，他人却奇瘦无比，令人怀疑他的米饭究竟吃到哪儿去了。还有一位就是童小军。因为信仰基督教的缘故，每次吃饭前他必做祷告，这对从小接受无神论教育的学生来说甚是新奇。开始大家还肃然起敬，后来熟了，就有男生开始淘气，趁他双目紧闭之机偷偷夹走他碗里的肉，后来觉得不妥又偷偷夹回去。每次都没被童小军发现，或者童小军发现了也没吱声，而是在心里以上帝的名义宽恕了对方。

　　没在"蒙古包"里待过你不会知道它的妙处。人少的时候，你甚至可以非常清楚地听见远远坐在对面的那对情侣的喁喁情话。他们明明压低了声音，可是因为"蒙古包"穹顶的反射，会像北京天坛回音壁一样把声波放大了进行传递，结果被别人听得真真切切。同样，你如果站在"蒙古包"的圆心说话，根本无须麦克风，全场都能清晰地听到你的声音。这就是学生们那么喜欢在"蒙古包"里组织晚会的根本原因。

　　说起"蒙古包"的晚会，那也是暨大乃至整个广州高校的一绝。几乎每到周末，"蒙古包"里都会飘来音乐声，不是中文系，就是经济学院，要么就是物理系，反正四个"蒙古包"轮流坐庄举办舞会，有时碰上元旦、圣诞，还会几个"蒙古包"同时举办。"蒙古包"的设计功能就是学生食堂，并没有配备任何灯光音响设备，成为舞厅那纯粹是学生自己的创意发挥。那时条件也简陋，举办舞会时，把"蒙古包"的组合台凳往四面一推，中间就空出来了。地面是暗花阶砖，虽然朴实，但跳华尔兹也够滑了。灯光就更简陋了，只有回廊上的一圈日光灯，偶尔奢华一点儿会借几条彩灯挂上。最能营造气氛的其实是空中呈放射状拉起的彩色纸带，这也是每次舞会都必须用心布置的地方。音响设备都是自备，记得校团委和校学生会各有一套，经常被借来借去。有的系自己也有，但中文系就寒酸得很，从来都是借别人的来用。那时的音响其实也很原始，声源就是部四喇叭的三洋牌卡式收录机，功放机的输出极不稳定，声音忽大忽小，突然没了声音是常事，经常弄得一对对正在热舞的男女尴尬不已。尽管"蒙古包"的条件有限，但因为穹顶式的设计，声学的共鸣效果特别好；再加上圆形的建筑很聚气，天然就有种热烈欢乐的氛围，所以就成了学生办舞会的首选。

暨大的舞会舞种丰富：慢三、快三、慢四、中四、水兵、探戈、恰恰、迪斯科、十六步、追步、伦巴等，光听名字就令人眼花缭乱。舞曲就更多了，最常见的有《友谊地久天长》《交换舞伴》《风流寡妇》《祝你幸福》《鸽子》《西班牙斗牛舞曲》《多瑙河之波》《月亮河》《最后的华尔兹》《卡普里岛》《红河谷》《夏日最后的玫瑰》《日瓦戈医生》《将来会怎样》《田纳西华尔兹》《春天圆舞曲》《青年友谊圆舞曲》等等。学生们很会掌握节奏感，通常放几首优雅的华尔兹就会来一首节奏强劲的迪斯科或欢快的水兵舞。那时大学跳舞的气氛很热烈，和社会上的舞厅比起来更单纯浪漫，男生很绅士，邀请女生时个个都彬彬有礼，暨大的女生通常也落落大方，反而是一些外校来的学生表现较为拘谨。交谊舞通常是男女搭配跳的，如果是男和男或女和女跳，则叫"跳斋舞"，是不被允许的，尤其是两位女生跳，肯定马上就会有两位男生主动上去拆散她们。

暨大"蒙古包"舞会的声名之响，全广州的高校望尘莫及，连远在中大、广外的学生都会慕名而来，更不用说近在咫尺的华师、华工的学生了。尤其是华工的那帮男生，因为理工大学男多女少，所以只要暨大有舞会，就一定会有华工男生的身影。时间长了，争风吃醋的事难免发生，这就惊动了校方。

1984年寒假后一开学，校方就专门发了一份文件，规定学生跳舞不准在"蒙古包"跳，要去灯光球场。跳舞须经系里批准，团委要派人作"现场指导"。还说以后禁止跳迪斯科，也不提倡跳交谊舞，只准跳民族舞、集体舞。理由是目前社会风气不好，"等以后社会风气有好转"时再说。因此，有长达两个多月的时间暨大未举行过一次舞会。当然，年轻人的热情是压不住的，有人贴出致校领导的公开信，要求取消有关禁令。加上校领导班子大改组，所以有些不安分的年轻人，比如我，就开始蠢蠢欲动，总想撕开这道"铁幕"。

1984年4月，身为中文系学生会文娱部长的我与工会班（工会代培性质的走读班）一起策划搞个联欢，想通过这种方式在暨大打响第一炮，一来打破学校沉闷的空气，二来也扩大中文系的影响。不料系学生会主席生怕学校追究其责任，死活不敢率先在"蒙古包"开舞会。节目的准备更是让我伤透了心，四处求人不算，好几个原本答应得好好的节目却又临时变卦。虽然晚会最后如期举行了，然而我的玻璃心也碎了一地。

当然，"蒙古包"也曾经让我威风过：在我任系学生会文娱部长时策划了一台"秋声"四校鸡尾酒联欢会。这是由四所学校联合举办，由我校中文系承办的，四校是暨南大学、华南师范大学、广州师范学院和广州音乐专科学校。这台晚会的最大亮点就是开创了暨大的第一次"鸡尾酒舞会"。那个年代没人喝过鸡尾酒，加上以陈肇然为首的宣传部在海报上添油加醋，还要凭票进场，撩得人心痒痒，结果预计250人参加的晚会居然来了400多人，我们不得不请求校警队来现场维持秩序。入场券是我们自己手工刻蜡版油印的，全由我一人掌控。当时"暨大的第一场鸡尾酒舞会"已炒作得满城风雨，一票难求，而所有人包括系领导和校学生会都来向我索票，连我一位多年不联系的高中同学都专门从广州医学院写信来向我索票，我当时心里那种得意劲儿可想而知！

所谓的"鸡尾酒"也确实没让大家失望。系学生会生活部副部长罗新（1980级）指挥手下干事先打来一大桶开水，随后按比例掺入白酒、香槟、橙汁、柠檬汁、糖、香精等，味道奇特，富有特色，结果调了两大桶仍供不应求。杯子不够也是一大问题。本打算买纸杯，结果买不到，只得去明湖冰室借了200多个，而当时在场的不下400人，以至许多人包括我自己都只尝了一点儿。

"蒙古包"舞会不仅带来了欢乐，也带来了爱情。我不知道有多少同学是在"蒙古包"开始牵手的。只记得有一次，当我穿过舞场走到对面去邀请一位身材娇小的女生跳舞时，正跟闺蜜说话的她像触电般弹了起来，好像早就知道我会来，让我小小地诧异了一下。后来，她成了我的女友；再后来，成了我牵手一生的人。她后来告诉我，那天晚上，她觉得我是披着一身光晕走过来的。其实我心里清楚，那不过是舞厅里的逆光效果，呵呵！

1989 年，"蒙古包"被拆除了，几代暨南人的记忆，从此成为传说。

【作者简介】陈锐军，暨南大学 1982 级中文系。资深媒体出版人，摄影家，策展人。现任广东开放大学教授，中国作家协会会员。曾先后担任广东人民出版社副社长、广东新世纪出版社社长、《家庭》杂志总编辑。

暨南大学的"蒙古包"

马兴中

在 20 世纪 60 年代至 80 年代，暨南大学的学生食堂是四座"蒙古包"，坐落在现邵逸夫体育馆一带。四座"蒙古包"，是当年暨南园中最有特色的景观之一。现在虽已不复存在，但在暨南大学当年教职员工和海内外校友的心中，却留下了永恒的美好回忆。凡是当年在暨南大学工作或学习过的暨南人，对四座"蒙古包"都怀有特殊的感情。

2002 年 11 月 9 日《广州日报》开辟了一个名为《大学食堂盘查》的栏目，刊登的第一篇文章题为《暨南大学：蒙古包延伸的风味》。文章一开头便写道："老一辈暨南人对校园的回忆，最常提及的便是暨南园里的五个蒙古包。"文章的作者大概并未亲眼见过当年的"蒙古包"，才会将四座"蒙古包"说成是"五个蒙古包"。

暨南大学的"蒙古包"是 1961 年动工兴建，1962 年竣工交付使用的。当时正是经济困难时期，全国的基建项目基本上都下马了，而暨南大学却能在此时兴建"蒙古包"，可见国家对暨南大学这所华侨高等学府的特殊照顾和无比关怀。

我是 1961 年考进暨南大学中文系汉语言文学专业的。读一年级时，在旧学生食堂（现真如苑 24 栋地段）用餐。1962 年读二年级时便开始在新学生食堂——"蒙古包"用餐。四座"蒙古包"分布在东南、东北、西南、西北四个方位，有连廊相通，中心位置建有一座平房，是四座食堂的公用厨房。而厨房并不是"蒙古包"式的建筑物。每座"蒙古包"可容纳数百人用餐，基本上是两三个系的学生共用一个食堂。"蒙古包"四周墙体置有玻璃窗，墙裙设有壁柜，供学生存放餐具。60 年代大学生的统一伙食标准为每人每月 12 元，从 1964 年起增加到每人每月 15 元。享受人民助学金的同学，按月发给饭票，而不发现金。学生都集中在食堂就餐，每台 8 人，基本上是同一学习小组的同学在同一台吃饭，某组在某台就餐，是编定的。有个别同学由于值班或别的原因不能按时前来就餐的，由同台同学留饭菜，一般不得在学生宿舍吃饭。早餐吃的是馒头、面包、炒沙河粉和白粥，午餐、晚餐基本上是四菜一汤。每逢节日，则用伙食费的结余加菜。60 年代初经济困难时期，物资匮乏，副食品供应紧张。暨南大学是华侨学府，副食品供应比其他大学好些。节日加菜，一般是每人加一块腊肉或一条腊肠。当时学校还在明湖边（现真如苑 25 栋地段）盖了一排猪舍，利用厨房的残羹剩饭和泔水养猪，所以有的节日，厨房也杀猪给大家加菜，或从明湖捕鱼加菜。陶铸校长非常关心学生，他一再强调，要把食堂办好。1964 年，时任中共中央中南局第一书记的陶铸同志在暨南大学主持召开了一次有省、市有关部门和广州地区高校负责人参加的会议，专门研究改善大学师生伙食和副食品供应问题。根据陶铸同志的指示，暨南大学的学生饭菜开始实行吃饭不定量，这在当时全国大学中是独一无二的，充分体现了党和政府对华侨、港澳学生的特殊照顾和关怀。

当年的暨南大学就像一个温暖的大家庭。同学之间交往的机会多，增进了彼此的相互了解和友谊。尤其是同一学习小组的同学，一日三餐在一起吃饭，就像一家人，亲密无间，感情深厚。大家互相关心，互相爱护，互相帮助，共同进步。

"蒙古包"不仅是食堂，而且也是举行舞会的场所。每逢节日或周末，把食堂的台凳搬到外面，把场地打扫干净，"蒙古包"就成为举行舞会的最好场所。当年的文娱生活没有现在这样丰富多彩。但当年暨南大学的文娱生活在广州各高校中是最活跃、最有特色的。暨大的文工团以东南亚歌舞而闻名遐迩，暨大举行舞会也是比较多的。所以，每逢暨大举行舞会，附近高校的学生，甚至石牌商店的职工也有不少人前来参加。当年的舞会跳的是交谊舞，60年代交谊舞在大学生中十分普及，所以参加舞会的师生非常踊跃。中宣部副部长周扬同志来暨大视察工作时，曾参加过暨大的舞会。

1986年9月21日至23日，暨南大学举行建校80周年盛大庆祝活动。学校在花园酒店举行宴会，招待校董和嘉宾，在四座"蒙古包"内举行校庆招待会，招待各地校友，出席的还有各院系、各部门的负责人，规模空前，热闹非凡，全场洋溢着节日的喜庆气氛。

1988年，香港知名人士邵逸夫先生向暨南大学捐赠1 000万港元，用于兴建一座体育馆。学校基建部门请技术人员对四座"蒙古包"进行检测、鉴定，经鉴定四座"蒙古包"是危房。学校决定将"蒙古包"拆除，在原址兴建体育馆，在"蒙古包"南面邻近地段新建一座三层的学生食堂。1989年上半年，四座"蒙古包"被拆除。当时学校办公室派我分管综合档案室，我曾联系电教中心，请他们在"蒙古包"被拆除之前，将其摄制为录像片，作为珍贵的历史资料。

1989年11月9日，邵逸夫体育馆举行奠基仪式。1991年12月体育馆落成。在四座"蒙古包"的原址，矗立起一座雄伟壮观的体育馆。

暨南大学的四座"蒙古包"，从1962年启用至1989年，前后共28年。"蒙古包"与暨南大学一起经历了历史变迁和风雨沧桑。许多60年代至80年代的教职员工和海内外校友，一提起"蒙古包"总会流露出无限怀念的深情。"蒙古包"曾陪伴他们在暨南园度过了峥嵘的岁月，其特色和魅力将永存在他们心中，这是任何高楼大厦都不能替代的。不少离校多年的校友回到母校，总会寻觅当年的"蒙古包"。他们既为母校的发展变化感到高兴，也为失去"蒙古包"这样富有特色的景观而感到惋惜。在新一代的暨南人中也有不少人因未能见到当年的"蒙古包"而感到遗憾。现在校园中高楼林立，气势雄伟，但建筑风格基本雷同，少有创新，像"蒙古包"这样有特色、使人难以忘怀的景观，已经成为历史的回忆。

（本文写作于 2002 年）

【作者简介】马兴中（1940—2021），广东潮阳人。暨南大学 1961 级中文系。暨南大学原学校办公室主任，校友总会原副秘书长。长期从事校史研究与编研工作，著有《暨南往事》等。

"蒙古包"里扫"舞盲"

刘才秀

　　当年，暨南园里有四座特型建筑——"蒙古包"。其实，它们不是真正的蒙古包，而是穹顶圆形的学生食堂。因为它们形似蒙古包，同学们便起了这个别号。

　　当年的文娱生活是相对单调的。学校为了丰富同学们的业余生活，节假日常常会放电影。地点就在大礼堂门口，银幕一挂就可以放映了。银幕两边，同学们有的拿张板凳来坐，有的席地而坐，有的干脆站着……除了享受露天电影外，就是跳舞了。

　　舞会是由各系轮流举办的。当举办舞会的时候，"蒙古包"便是临时的舞厅。台凳往四周一撤，中间就成了舞池。要说由各系举办舞会，那简直是小菜一碟。就拿中文系来说吧，陈建南、许学群、黄裕珠、徐兆文、李玉梅等都是舞林高手。乐手也不乏其人，吴云兰、孔令邦是拉手风琴的高手，钟荣祥是首席小提琴手，丘英华是鼓手，李耀华常常客串打沙锤。乐曲一奏，"嘣嚓嚓"，舞会便开始了。

　　20世纪50年代，交谊舞还很时尚。我们这些"老土"从来没有涉猎过。当年的我们还有点儿封建，觉得一对男女搭肩搂腰怪不好意思的。别说上场跳了，连到现场观看也很少。学校当时提出要在学生中扫"舞盲"，特别是当我们系举办舞会的时候，文体委员会把我们赶去"蒙古包"，舞厅里彩灯闪烁，舞影欢跃，围观者还真不少，里三层外三层的，有的甚至站在凳子上"作壁上观"。看到一对对舞者轻盈的舞步、优美的舞姿，说实在的，还真有点儿心动。舞会进行到一定时候，便是教习时间。教练们做示范动作，"舞盲"亦步亦趋地跟着学。刚学的时候，老是低着头看，生怕踩着舞伴的脚。可是顾得脚来顾不上节拍，结果还是踩上了，出过不少洋相，那样子一定十分笨拙、可笑。有人说，跳舞会上瘾。此话不假。一来二去，"舞盲"再也不用文体委员驱赶了。舞瘾上来了，干脆开始"跳斋舞"。俗话说，熟能生巧。跳得多了，舞步自然就熟练了，我们终于甩掉了"舞盲"的帽子。

可惜的是，"蒙古包"后来被拆掉了。现在虽然已荡然无存，但它仍深深地留在我们记忆之中。

往事如烟，一别母校已 58 年。2018 年，我们在母校广州重建 60 周年聚会的时候曾相约 2021 年建校 115 周年再聚。我们——暨南学子，就像暨南园参天大树上的片片绿叶，无论飘到哪里，母校情结始终不会改变，我们都深情地依恋着您，最终还是会回归到您扎根的这块土地！

（本文写作于 2021 年）

【作者简介】刘才秀，暨南大学 1959 级中文系。1979 年调广州师范学院中文系，从事语言学的教学及研究。先后任讲师、副教授。发表论文 20 余篇，主编、合著出版著作多种。曾任广州师范学院中文系党总支书记、系主任，中国修辞学会会员、理事。2000—2006 年被香港特别行政区教育署聘为特聘教授、普通话培训课程总监。

明

湖

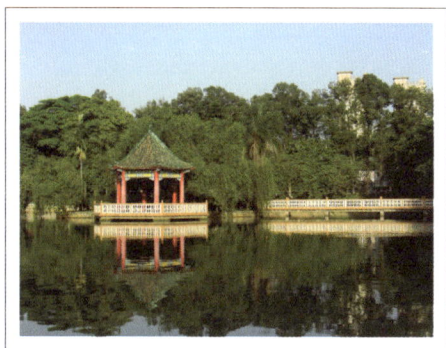

　　暨南大学校园中心有一处著名的风景——明湖，它不仅给校园增添优美的景色，也拓展了人们在暨大生活的空间。但它不是自然形成的，是暨南人一锄头一锄头挖出来的。从明湖开挖至今已过去 60 年，明湖和暨南人的生活片刻不曾分离，它见证着暨南人艰苦奋斗的历史，明湖的故事也在暨南人中流传至今。

明湖情思

马兴中

  暨南大学曾多次被广州市人民政府评为花园式单位。在暨南园里，明湖堪称一颗璀璨的明珠。这不仅由于其风光旖旎而使人心旷神怡，更由于其与暨南大学广州时期的历史紧密相连，是象征暨南人艰苦创业精神的一座历史的丰碑，也是连接海内外暨南人的精神纽带之一。暨南学子心系母校，他们对明湖都怀有特殊的感情。不少校友离别母校数十年之后回到母校，总忘不了要去明湖看看，拍几张照片作留念；有的校友还带来自己的子女，向他们讲述当年暨南师生修建明湖的故事，他们至今仍为自己当年有机会参与修建明湖而感到光荣和骄傲。

  1958 年暨南大学在广州市郊石牌重建伊始，教学、生活用房寥寥可数，办学条件相当艰苦。当时校园中有一个石牌村，还有不少农田和荒地。建设学校、美化校园，是当年暨南师生面临的一项重要任务。1959 年秋，学校决定采用集中劳动的形式，组织一次具有特殊纪念意义的建校劳动，这就是修建明湖。

  1959 年 10 月，学校成立了建湖指挥部。10 月 8 日隆重举行施工誓师大会，会后即破土动工。王越、梁奇达、史丹等校领导身先士卒，带领师生员工投入明湖劳动。许多华侨、港澳学生也不怕苦、不怕累，为建设学校、美化校园而忘我劳动。经过 2 个多月的艰苦奋斗，至 12 月 23 日，提前 1 个月基本完成建湖任务。人工湖总面积 24 亩，需挖土 29 284.7 立方米。在 2 个多月中，完成

25 484.7 立方米，余下 3 800 立方米，全部由人工完成。

人工湖建成后，学校公开征集人工湖的名称。最后决定采用中文系萧殷主任和杨嘉老师的建议，将人工湖命名为"明湖"，有战胜困难、取得光明之意。湖分两边，状似日月，总称"明湖"。东边为日湖，西边为月湖，早迎朝阳，晚映月光。1959 年 12 月 30 日下午，学校隆重举行明湖建成暨迎接 1960 年大会，并向 110 余名突击手颁发奖品。

日湖和月湖原来是相通的。学校北门到教学大楼的校道是其分界，建有桥梁连接。1970 年第一军医大学接管暨南大学校址之后，才将其分隔开来，现仍保存着当年桥上的铁栏杆。明湖建成后不久，学校在日湖的湖心岛建了一座凉亭，并修建桥梁通向湖心岛。学校还利用劳动时间，组织师生在校道和湖畔种植紫荆树、柳树等。明湖成为师生员工课余和节假日休憩、读书的好去处。

明湖不仅成为暨南园的一大景观，在 20 世纪 60 年代初经济困难时期，学校还利用明湖养鱼。师生在劳动时，经常割些稚嫩青草，投放湖中喂鱼。当年学校还在明湖边（现真如苑 25 栋地段）修建了一排猪舍，利用食堂的残羹剩饭和泔水养猪。当年物资匮乏，副食品供应紧张。在节日，食堂就杀猪、到明湖捕鱼，给师生改善伙食。暨南师生用辛勤的劳动建成了明湖，既美化了校园环境，又发挥了生产功能，在改善师生生活方面起了积极作用，不仅当年师生受益，而且也是一项造福后代的工程。

1978 年暨南大学复办后，学校采取了不少措施美化这一景观。月湖的湖心岛，以前没有什么建筑物，也无桥梁与湖岸连接，只有一排竹筏可到岛上去。为了迎接 1986 年 80 周年校庆，学校在岛上建造凉亭、安放石凳，并建造通向湖心岛的桥梁，在岛上种植树木，使之成为师生休憩的好去处。在日湖北岸，原来有一排浴室，20 世纪 80 年代前期，学校劳动服务公司将浴室拆除，在此开设大排档，在湖边撑起一排大伞，夜晚彩灯璀璨，景色迷人，别具情调。80 年代后期，劳动服务公司又在此兴建了一座具有中国传统建筑风格的明湖楼，不仅为师生提供了一个餐饮的场所，也为明湖增添了秀色。在 1996 年 90 周年校庆之前，园林科工人又在月湖之畔的斜坡上种植各种花草，构成多种图案，其中最引人注目的是月湖东面斜坡上用花草构成的暨南校训"忠信笃敬"的图案。

明湖与暨南大学一道经历了风雨沧桑，见证了暨南园的历史巨变。今天的明湖，重新焕发了青春活力，变得更加美丽动人。明湖湛蓝的湖水曾印记多少优美景色，湖畔的树木曾迎送几多冬去春来的岁月。每年春天，紫荆树红花怒放，云蒸霞蔚；岸柳枝条轻拂，舞姿婆娑；棕榈树凌霄挺立，英姿勃发。日湖和月湖的湖心岛是不少师生流连忘返的地方。日湖的湖心岛上树木茂盛，凉亭红柱绿瓦，并修建有栏杆，安放有石凳，许多暨南学子都曾到此读书、谈心和欣赏明湖的美景。岛上有一个花坛，花坛里栽种着一棵四季常青的柏树，柏树之下安葬着梁奇达老校长的部分骨灰。梁奇达同志是暨南大学广州时期的主要开拓者和领导人之一，正是他和当年学校的领导人带领师生员工修建了明湖。2002 年 9 月 28 日，梁奇达老校长不幸逝世。遵照他的遗嘱，将他的骨灰一部分安葬在他曾进行革命武装斗争的中山市五桂山，一部分安葬在暨南大学明湖，足见梁奇达老校长对暨南大学和明湖一往情深。梁奇达老校长的名字将永远与明湖联系在一起，永远铭记在海内外暨南人的心中。

40 多年来，明湖迎接和送走了一批又一批暨南学子。他们分布于祖国各地和世界五大洲。无论他们身居何处，都心系母校，怀念明湖。当年暨南师生修建明湖的艰苦创业精神激励着他们与时俱进，奋勇向前。

（本文原载于《暨南大学》2005 年第 405 期）

【作者简介】马兴中（1940—2021），广东潮阳人。暨南大学 1961 级中文系。暨南大学原学校办公室主任，校友总会原副秘书长。长期从事校史研究与编研工作，著有《暨南往事》等。

挑灯夜战挖明湖

刘才秀

1959 年 10 月金秋，修建明湖的战斗打响了。全校上下总动员，从王越、梁奇达、史丹等校领导到机关工作人员，从老师到学生，无不为建设母校、美化校园流下艰辛的汗水，当时的情景至今历历在目：

劳动工具是极为简陋的，只有铁锹、簸箕和扁担。土，全靠锹挖、肩挑。劳动强度之大可想而知，但师生们的劳动热情十分高涨。你看，潮汕籍的方玉麟、丁身伟、丁有盛、苏章地等同学，腰间系着水布，赤着脚，一肩挑起两担泥，快步如飞，一个顶俩；客家籍的赖锡房、汪汉灵、林先和，广府籍的宁乃权、张振金等同学也不甘示弱，挑起泥担大步流星；华侨、港澳同学恐怕从未有过这样的历练，从未干过这样的重活，但是他们和其他同学一样摸爬滚打，从不叫一声苦。李玉梅、司徒婵和伍素娴同学，身材是那样娇小，她们挑担时把扁担横在双肩上，两手托着，走起来身子左摇右晃，样子还真有点滑稽，但是她们仍在坚持着、坚持着……工地上，人人都是一身汗水一身泥，个个都是好样的。

为了力争年底完工迎接新年，师生们分为日夜两班轮流作业，每天挑灯夜战。晚上，工地上灯火通明，歌声、号子声此起彼伏，师生们比白天干得还起劲儿，劳动场面甚为壮观。为了赶超进度，系际开展劳动竞赛，互不相让，你追我赶，挖土方纪录不断被刷新。湖越挖越深，劳动强度也越来越大了。苦干不能解决劳动强度大和速度问题，必须想办法改良工具。几个同学凑在一起，受到一个同学跌坐在地上哧溜一下滑了下去的启发。唉，何不建一条溜槽来解决运泥问题呢？说干就干。用圆木打桩，上面钉上木板，简易溜槽很快就搭建好了。同学们分别站在溜槽两边，泥块一块接一块地快速滑送，效率一下子提高了许多。

工地上，我们常常可以看到一位身穿黄色军大衣的长者，像当年在战场上指挥作战一样，气定神闲地指挥着"学生军"战斗，他就是工程总指挥梁奇达同志。

全校师生2个多月的日夜奋战，终于使工程在 1959 年 12 月 23 日胜利完工。一个占地面积24 亩的人工湖展现在暨南人的面前。湖建成后，学校公开征集名称。最后，我们系的萧殷主任和杨嘉老师中标，取名"明湖"。明湖分日湖和月湖：东边的叫日湖，寓意早迎朝阳；西边的叫月湖，寓意晚映月光。总称为"明湖"。明湖，以它的妩媚把暨南园装扮得更加美丽了。

每当我们回到母校，在明湖边徜徉，看到潋滟的湖光、依依的垂柳，都会流连忘返，并且自豪地说：明湖是我们亲手挖的。

【作者简介】刘才秀，暨南大学 1959 级中文系。1979 年调广州师范学院中文系，从事语言学的教学及研究。先后任讲师、副教授。发表论文 20 余篇，主编、合著出版著作多种。曾任广州师范学院中文系党总支书记、系主任，中国修辞学会会员、理事。2000—2006 年被香港特别行政区教育署聘为特聘教授、普通话培训课程总监。

我们挖明湖，还在湖上泛舟

梁美安

虽然过去很多事已经记忆模糊，但挖明湖的场景一直没忘，翠琼、新群等班干部干劲十足，还有炳炎、成才等同学腰上总绑着一条潮汕地区特有的水布，担子挑得健步如飞，这些场景仍然历历在目，那个岁月很让人怀念！

湖挖好后，学校公开征求人工湖名称，师生们提出很多美名，由于东西湖一方长一方短，状似日月，东边为日湖，西边为月湖。最后采纳中文系萧殷主任和杨嘉老师的建议，将人工湖命名为"明湖"，寓意战胜困难、取得光明。

刚开始，明湖挖出来没多少水，主要靠雨水，学校各楼用过的水也往湖里排，就这样慢慢多起来了。后来从石牌河引水入湖，西面的湖平均水深 1.3 米左右，靠近明湖餐厅那边有 2 米多深。那时学校还搞来了小艇，停在湖边，湖水很少，现在看来，能在明湖泛舟，好奢侈啊。

原先两湖是相通的，因中心校道从湖中间穿过，湖水由校道下的拱桥连接，起初校道下有四分之一桥洞可以泛舟通过，后来因为养鱼需要，在桥洞两边拉上了铁丝网。又考虑到往来车辆负载等安全问题，于是用红砖把桥洞彻底封堵，学校毕竟不是公园，泛舟计划也就此搁浅。

关于湖心岛，丘国良校友曾问我是不是挖湖土堆成，我回答"不是"。湖心岛是我们为了了解挖湖的深度而留的一块地方，是自然形成的，后来就在上面盖了这个凉亭。亭脚用钢筋水泥柱支撑，形成现在的水榭亭台。小岛上还种植柳树花草，美化环境。湖心岛以木板桥连接湖岸，当时木板桥的栏杆被漆成朱红色，很新、很鲜艳，年深月久，有些木板烂了，才改建成现在的水泥桥。而后又在东面湖中建起一个蘑菇形的凉亭。明湖的建设给校园增加了一道灵动亮丽的风景，所有暨南人都会在明湖留下足迹和深刻记忆。

在那艰苦又火热的年代，对我们每个人都是考验，对刚回国的侨生和港澳生更是如此。挖明湖结束后，在学校举行的总结表彰大会上，来自中文系的香港学生郑丽云和我被评为挖明湖的先进个人，学校还奖励给我们一个日记本作为纪念。遗憾的是，因多次搬家这个珍贵的纪念品遗失了。

【作者简介】梁美安，暨南大学 1959 级历史系。后在中国国际广播电台工作至退休。

明湖的诞生

钟毓材

一

1959 年 10 月 8 日，轰轰烈烈的人工湖施工开始了。

上午九时，在大操场举行庆祝人工湖施工誓师大会，各系同学高举红旗，敲锣打鼓，雄赳赳、气昂昂地齐集在一起，等待"战令"。誓师大会上，梁校长、团委书记、老师和学生代表都讲了话，特别是梁校长，讲得很风趣，他说："1958 年出现了一个调皮的姑娘，她爱玩、爱吃又爱打扮，这姑娘姓大学，名暨南，怎么才能够满足她的要求呢？我想挖个人工湖就行了，可养鱼，有得吃，可划船，有得玩，又美丽。"接着，他说："这是实行教育革命的好办法，一面劳动一面学习，既可以锻炼、改造自己，又可以学到东西，可谓一举三得。"

这次挖人工湖的任务是相当艰巨的，而且时间紧迫，春节前一定要完成。大会结束之后，各系的队伍就浩浩荡荡地向工地出发。这种场面是异常感人的。我当时的心情无比激动，让人们看看暨大校园吧，这是一种怎样的创举？我们要用双手挖出人工湖来，要把山丘移掉，要把田野挖成湖泊……

哨子吹响了，学校动员令下来了，全校师生立即行动起来，个个摩拳擦掌，人人干劲冲天，千军万马似的战斗起来了。宽敞的新建校园大道，被来来往往挑着泥土的学生挤得水泄不通。他们挑着重重的泥土，扁担都压弯了，却笑逐颜开……工地上，山丘被移走了一大半，湖岸也堆起了河堤般的土堆……

学校领导——校长、书记、主任也到工地上来参加劳动，挥起铁铲挖土……

红旗在工地上飘扬，人群在工地上浮动，成千上万的锄头闪亮，挑土的在奔跑；扩音器播放着音乐，宣扬着好人好事……来到这里的人，都会被这热火朝天的场面所感动！

当我挑着泥土向前冲时，扁担把我的肩头压得红肿而疼痛，我真想停下来休息一下，但是一想起我们校园很快将出现美丽的人工湖，湖边种上花木，盈盈湖水闪耀粼粼波光，轻舟游荡，同学们三三两两在柳荫下看书，朗诵诗篇……我就又有了力量，能坚持下去了。是的，有明天在鼓舞着我，只有今天苦战奋斗，才会有美好的明天。只有我们与六亿人民一起努力奋斗，才能让我们的国家变强，我们才能过上美好幸福的日子！

二

我在 10 月 9 日的日记中写道：

今天我们中文系全体老师与同学都参加了挖人工湖的劳动，整整苦战了七八个钟头。大家都干得十分出色。真的，每位老师和同学都不辞劳苦，干劲冲天，在劳动中出现了许许多多感人的事迹。

刚来中文系的著名作家、编剧杨嘉老师也来和我们一起劳动。郑孟彤老师和黄志辉老师夫妇二人挑土合作得好似一个人，黄老师挑上一段路，郑老师接下一段路，挑一整天，一点儿也不落后于人，令我们很是感动。

饶芃子老师虽然身体不好，但也不甘示弱，争着挑。梁丽珍老师昨天在劳动中晕倒，今天又来干，不愿意休息。罗宜辉老师和卢大宣老师挑得多，走得快，小伙子都未必能赶得上他们呢！

同学里的英雄好汉就更多了。方玉麟同学，高大健硕，人称"方大块"，挑得最多最重，健步如飞。香港生陈竞业，吃苦耐劳，挑多挑重，得了"死顶"的外号。小个子的同学，像大洲、伟生也勇于向大个子的同学挑战；大家都挑多挑重，你追我赶，好像比赛一样，谁也不服输，全都表现得很出色。

女将们也挺厉害，她们在热气腾腾的工地上挑着土，来来往往，头上裹着不同颜色的头巾，随风飘舞……

倘若要问我们的干劲有多大？

请看遍地躺着的折断了的担子有多少就知道。

今天我们用自己的干劲、劳动与汗水谱写暨南大学的历史，我们的后代，只要他们来到暨南园，看见风景如画的人工湖，就会想起我们这一代人。

三

我们中文系同学，一如在江村炼焦时那样，积极大写民歌。在这火热的工地上，同学们尽情倾诉劳动的感受，写出了许多动人的民歌。

我除了劳动，还和卓才、学淡、荣祥等同学负责宣传工作，组织稿件，刻蜡版，出油印小报，当时刊有《红旗飘》《战鼓》《战歌》等民歌与好人好事，深受同学们欢迎。

我在日记中曾写了一幕小型广播剧《挖湖工地的日日夜夜》：

（众男女生）工地的日日夜夜/工地一片忙
　　　　　　日日夜夜是这样/工地一片红

　　　　　　嘿！嘿！
　　　　　　爬坡车隆隆响/技术花飘芬芳

顶呱呱显神功/独轮车飞梭样

你追我赶/快跑多装

嘿！嘿！

挖湖工地是这样/日日夜夜一片忙

（女生单人）时钟敲响十二下/我悄悄来到工地旁

听见锄头当当响/看见人影在浮动

让我去呼唤/喂！女同学们，你们快来看

（众女生）嘿！我们看见了听见了！/我们去/我们去

他们男生干我们女生也要干/他们能/我们也能

哪能巾帼让须眉/大家一同战到旭日升

（男生单人）一群人影向前冲/我悄悄过去看清楚

听见笑声朗朗传/看见人人拿铁铲

喂！你们快来看/女生们都来了

（众男生）不准你们来，不准来/快快回去

快回去/我们男生会来干/你们回去休息

（众女生）我们不回去不回去/要战一同战到东方红

（众男生）快回去/快回去/不听话的姑娘不可爱

（众 女 生）谁敢说我们不可爱/不可爱就不可爱

瞧我们挑起土健步如飞/裹在头上的头巾在飘扬

（众 男 生）是啊！是啊！/劳动的姑娘最可爱

我们一起来比干劲/一同夺取红旗献厚礼

（众男女生）日日夜夜是这样/挖湖工地一片忙

日日夜夜是这样/挖湖工地一片红

嘿！嘿！/你锄地/我挑土/移山岗/除洼地

比干劲/争英雄/写民歌/做文章

思想劳动齐开花

这一广播剧当时是为鼓舞同学们的士气而作的，有没有在工地上播出，日记上没有记载。

然而在挖湖工地上，确实日日夜夜都是忙，白天热火朝天，夜里挑灯夜战。

四

1959 年 12 月 23 日，这是最值得纪念的日子，不仅记在我的日记上，更应该记入暨南大学校史的史册上。经过 2 个多月的日夜奋战，我们终于在这一天把人工湖挖成了。

我们暨大复办的首届中文系师生不畏艰苦，为在暨南园建立人工湖贡献了一分力量。正如张德昌副书记说的，几年之后，我们回到母校，就会指着这人工湖说："这是我们挖出来的，我们曾经在这里流过汗，甚至流过血。啊！我们感到骄傲！"

是的，就在今天，人工湖出现在暨南园了！有了人工湖，可以养鱼，像梁校长说的，我们有鱼吃，还能拿去卖，获得经济效益。从此之后，我们校园便有了美丽的人工湖。

这次挖湖劳动，实现了劳动与学习相结合，提高了我们的思想觉悟，夜以继日的劳动令我们终生难忘。

今天下午，我们在做最后劳动的时候，宽敞的湖底已经被修平了，许许多多的同学在湖岸上用铁铲打平打实泥土，这时候，湖里开始放水了，每个同学都很兴奋，眼看湖底的水渐渐升高，大家欢呼起来……2 个多月前，这里还是田野、土岗和洼地，而今天已经变成人工湖了，再过不久，我们把它打扮起来，湖岸上种上花木，那时候，一定会是花红柳绿、碧波荡漾……同学们将在这美丽的湖畔树荫下看书、谈心、散步……

劳动创造一切，为我们挖筑人工湖而欢呼，为我们的胜利而欢呼。此时此刻，我的心情激动、雀跃，想呼喊……

回想 2 个多月来的挖湖劳动，老师们都起了带头作用，并且在劳动中教会我们思考。罗宜辉老师要我们学会在每一个劳动环节中细想，多考虑，多观察，通过劳动改造自己。他在劳动时挑重挑多，以身作则，令我们感动。

记得那一天，天气很冷，细雨纷飞。工地上召开干部会议，鼓励大家要拿出力量来，"挖掉这个土岗子，干掉它！"罗宜辉老师找来一批强悍的同学，组成"五虎将"——丁身伟、曾顺旺、汪汉灵、方玉麟等，很快便把那土岗移除了。

细雨把张德昌副书记的衣服都淋湿了，但他丝毫不在意。

杜桐副主任非常关心我们的劳动、学习和身体，他自己也参加劳动，教我们如何劳动，如何学习，如何准时睡觉才能恢复体力，如何爱惜时间，等等。

同学们在挖湖劳动中同样表现出色。世桐看见大伙劳动效率不高，就立即找恩云商量，调动人马，分配人力，提高劳动效率。旭辉在劳动中自动自觉，看到哪里需要就到哪里去，以主人翁的态度劳动，踏踏实实，从不声张自己铲得多、挑得多，而且充分发扬团结合作精神，表现出顽强的战斗力。

<h1 style="text-align:center">五</h1>

暨南园有了人工湖，学校党委公开征求人工湖名称，全校师生踊跃应征，提出数十种名称，如暨南湖、红湖、团结湖、定丰湖、络心湖等。湖的命名必须经过全体师生民主讨论，多数通过，再经学校党委批准。中文系萧殷主任和杨嘉老师提名"明湖"，有战胜困难、取得光明之意，结果"明湖"获得大多数通过，得到校党委批准。杨嘉老师还特别解释，湖分两边，状似日月。东边为日湖，早迎朝阳；西边为月湖，晚映月光，总称"明湖"。

名字取得好，我们的校园里诞生了明湖。

12 月 30 日，学校隆重举行明湖建成暨迎接 1960 年大会。梁奇达校长发表讲话，他说没有什么比建成明湖当作元旦礼物更为可贵的了，并且赞扬了全校师生不怕艰苦、严寒，发挥了最大的积极性，在短时间内建成了明湖。大会上还嘉奖了 110 余位学生为"挖湖劳模"。大会气氛热烈而欢乐。

到了晚上，各系同学成群结队到明湖畔去观赏美景。夜空明朗，无风，湖面如镜，湖岸上挂起串串五彩灯，有如朵朵盛开的春花，万紫千红倒映在湖里，美丽极了。同学们见了，欢天喜地，一时间，明湖畔喜气洋洋，充满欢乐的笑声……

从此，地久天长，暨南园有了美丽的明湖。

【作者简介】钟毓材，祖籍广东梅州，印度尼西亚归侨。暨南大学 1958 级中文系。中国香港郑和研究会名誉会长，中国香港散文诗学会名誉顾问，中国华侨文学艺术家协会会员，中国香港作家联会永久会员。几十年来，在中国、美国、泰国经商，业余坚持文学创作。已出版长篇小说《淘金梦土》三部曲（包括《阿彩夫人》《黄红故事》《大地主人》），长篇小说《故乡别传》三部曲（包括《南来庵内外》《老家鹞婆岌纪事》《离乡的女儿》），中短篇小说集《寻梦的香港人》《美梦飘逝》，大型歌舞剧本《施大娘子》《花外钟声》和历史奇情影视长篇小说《飞越雄关》（与钟子美合作）。

图书馆

　　暨南大学图书馆创建于 1918 年，现由校本部（石牌校区）、番禺校区、珠海校区、深圳校区、华文学院 5 个馆组成，馆舍总面积 8 万余平方米，设有阅览座位近 1 万个。图书馆以其丰富的馆藏资源和优秀的人文底蕴，成为莘莘学子博览群书、获取知识、文化交流的重要场所，孕育人才的第二课堂。

图书馆情怀

蔡庆寅

　　图书馆对于一所学校、一座城市、一个国家是必不可少的一部分。每到一所新的学校我都要看看它的图书馆。随着时代的发展，我们的城市越来越大，生活水平越来越高。可是总感觉有些东西却变得少了，或者说没有和时代同步发展。就像现在百姓如果想借书的话，还真不知去何处。高尔基说："我读书越多，书籍就使我和世界越接近，生活对我也变得越加光明和有意义。"要使我们的生活有意义，就得多读书、多吸取新鲜知识啊。书是人生的加油站。

　　对图书馆的印象在大学之前实在寥寥无几。记得小学时图书馆纯粹只是摆设，似乎就是在一个10平方米的小房间里。而中学时代，更是题海战术，魔鬼训练，时间犹如白驹过隙，哪里还记得图书馆是何物也！大学如期而至，我开始和图书馆结下难解的情缘。沧桑变迁注定我们是漂泊的一代，从江南水乡到了这没有冬天的南国，之前的辛酸不悦已全被兴奋代替。初进暨南园第一个去的竟也是图书馆，因为报到点就在那里。初次见到大学图书馆，觉得很气派，外观造型、室内装修都堪称华丽。仔细一打听，原来这只是珠院的图书馆而已，那校本部图书馆岂不了得！

　　毕竟当年在设计珠院图书馆的时候没想到会有这么多学生，所以图书馆爆满便是自然的了。特别是夏天临近期末，图书馆的景象，我想去上过自习的人最为清楚。早晨七点起床，不洗漱、不吃早餐奔到图书馆门口，竟只能排在队伍的末尾。对那些排在队伍前面的同学我只能佩服其意志之坚定，我是不能望其项背的。大门一开就如水坝开闸，两位开门的大哥自然是经验丰富，立刻退后五步以免被踩踏。同学们向各自理想的位子狂奔而去。为了占个好的位子，我一同学竟因跑得太快而失控，撞到了消防栓外面的玻璃，何其悲壮！

珠院图书馆除了挤之外，还有一大特点就是冬热夏冷。夏天图书馆的温度估计只有20度，外面30多度热得要命，真是冰火两重天啊。聪明的同学会带衣服去，而我自负年轻抗冻，结果看完书出来哆嗦着吃药。

在如此占位排队中度过一年倒还是看了一些书。紧接着我们都很向往回到校本部去了，因为心想校本部的图书馆肯定不会挤了。虽然听说校本部现在没有正式的图书馆，但我觉得瘦死的骆驼总比马大吧。

怀着这样或那样的期待我来到了校本部，一回来我就找图书馆。同学指着一个被挖得乱七八糟的土坑说"就是这个"。新图书馆看来是没指望了，我就问他们图书馆在哪里。结果随处转了转居然发现有好几处都是图书馆，真是一大独特风景啊。原来学校把所有的书都放在宿舍楼底下的架空层了，虽然比较简陋，但是在书堆上面睡觉怎么都能吸收点书气吧！

听师兄师姐们说旧的图书馆以前是冬冷夏热，刚好和珠院的反过来了。对于那个有历史的图书馆我就只能从前辈的讲述中了解一二了。面对这样一个没有自习室的图书馆也只能是苦中作乐了，为了借不同的书往往要跑大半个学校，权当锻炼身体吧。拿了书没地方看也是一大苦恼，宿舍地方小，教室不安静，我们也就只好打一枪换个地方了。

每天路过新图书馆都会发现有新的变化，它每天都在长高，我的心中也是特别希望它再长快些。就这样一天天等着……作为一名暨南学子，能用上新图书馆真是值得庆幸的啊。新图书馆从地基看去就觉得它肯定是个大家伙。心中总是有个期待，期待着它矗立在每个暨南学子的面前，它是我们学校的标志，我们会为它而骄傲。

时间的流逝总是那么悄无声息，一看日历居然校庆就在眼前了，也就是说图书馆要竣工了，我们也渐渐看见了它的庐山真面目。一座很气派的深红色建筑已经矗立起来了，我感受到了它的威严气派，一种代表知识的严肃让人肃然起敬。我们的心中已经充满了激动，我们在等待它揭开神秘面纱的那一刻。一年多来，我们几乎是在没有图书馆的校园里学习着、生活着，纵然没有太大的影响，可是当我听见其他同学说他们的图书馆时，作为一名暨南学子，其实心中会有一种无名的痛楚。因为图书馆对于一所高校来说真的是相当于一台发动机、一间宝库，在一个做学问的地方难道有比书更重要的东西吗？我觉得自己很庆幸，因为我将有机会见证学校图书馆的三次变迁，而且也能用到三个不同的图书馆。我觉得这是一般人很难碰上的。有了这个经历，我觉得我们比之前的暨南学子更了解母校，也多了一份见证母校发展历史的深刻、宝贵经历。

图书馆的变迁也见证了暨南园的变迁。与其说图书馆的变迁代表我们学校的发展壮大，倒不如把这个历程看成是我们暨南学子情怀的延伸，我们暨南学子精神的体现。我们暨南精神中说道："百年暨南，三落三起，仍弦歌不辍；世纪学府，五次播迁，而薪火相传。"这段话精辟之处就是它将我们暨南大学的历史沧桑写得那么动人心弦，其间体现的是一种连绵不绝的生命力。

【作者简介】蔡庆寅，暨南大学法学院 2004 级法学专业。

珠海校区

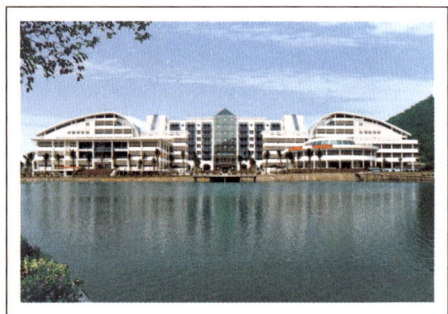

　　1998 年，暨南大学在珠海成立珠海学院（简称"珠院"），开创了珠海经济特区历史上全日制普通高等教育的先河。20 多年来，暨大在珠海实施校区化改革，不断扩展办学规模，持续加强校市战略合作，朝着"国际化、特色化、创新型"现代化校区的建设目标迈进。今天的珠海暨南园风景秀丽、设施完善：功能齐全的教学综合大楼、资源丰富的图书馆、环境舒适的餐饮中心、宽敞别致的学生活动中心、整齐划一的学生公寓、绿草茵茵的运动场以及潺潺山泉汇聚而成的日月湖，已经成为暨南学子在珠海的共同家园。

珠院·印象

李 佳

路漫漫其修远兮，母校一步步地走到了百年这个站点，何其艰难。作为一名新生，我迫切地想去亲近母校神圣的灵魂，探寻它所有的故事，那就让我先从亲近自己的校园开始吧……

神秘的珠院

从正门进入，两边好似椰子树的高大植物立刻吸引了我的眼球。对于北方的女孩儿来说，典型的南国风光莫过于此吧。静悄悄地翻过一个缓缓的坡，珠院的面貌才含蓄地一点点露了出来，就像一个害羞的新娘，缓缓地揭开蒙在头上的红绸，露出美丽的容颜，吊足了人们的胃口，也让人们充满了无限的惊喜和期待，我暗暗对设计师的匠心独运赞不绝口。一个缓缓的坡，一点点高度，就使珠院笼罩在一片神秘之中，幻想、憧憬油然而生……

日月湖畔

湖水总带给人安谧、祥和的心境，更何况那依偎着巍巍青山的日月湖。波光粼粼的水面，如少女长发般的柳条，曲曲折折的石桥，宛如立在湖边的亭台，还有那摇摇晃晃的锁链……真是一幅曼妙和谐的画卷。我常想，倘若桥上再站一个穿着一袭古韵古色旗袍、羞羞答答被纸伞遮住半边脸的古典美女，那简直太优美、太摄人心魄了！没错，日月湖就是这样一个充满画面感的港湾。夜间，静坐在湖边，欣赏着水中的珠院，忽隐忽现，扑朔迷离，妙不可言。一轮明月静静地悬在水中，那么亮那么圆，真让人有种想跳下去捞的冲动。忽然一阵微风吹皱了湖中的圆月，才猛地回过神来，不禁暗笑自己刚才猴子捞月般的可爱，似乎也理解了小猴们看到明月欢呼雀跃的心情，一阵叽叽喳喳的声响不绝于耳，如痴如醉……

飞扬的圣火

珠院的体育馆是矗立在大地上凝固的圣火。几根立柱支撑着圆形的罗盘，正中央五环相交的标志又让它平添了几分国际化的美感。凝视它巍峨的身姿，我常常幻想着一个健美的男子高举着火炬，踏着矫健的步伐缓缓点燃了神圣的火种，瞬间全场为之振臂欢呼，一种强烈的荣耀感在每个人心中冉冉升起……沉稳之中又有几分灵动，它就像个调皮的孩子，为庄重的校园增添了几分活力、几分飞扬的激情！

怒放的生命

珠院是内敛的，敦实的山峰、庄严的建筑，给人踏实、厚重的感觉；珠院又是张扬的，永远泛波的湖水、凝固的火种，又总使人浮想联翩，憧憬未来。内敛又不乏张扬，张扬中又兼容着内敛，珠院就是这样一个和谐的生命。

夜渐渐深了，楼中的灯光渐渐暗了下去，欢声笑语渐渐淹没在黑暗之中，亲爱的珠院又在孕育一个个怒放的生命……

【作者简介】李佳，暨南大学珠海学院 2006 级金融工程专业。

再别珠院

曾洪斌

无论我如何去珍惜，可那段日子还是一点一点地远离我，我伸出双手，努力去打捞，可触摸到的只有湿淋淋的记忆。

——题记

曾几次梦回珠院。梦中的场景依旧，碧草连天，夕阳山外山。我久坐湖边，望着郁郁葱葱的后山，望着悠悠西沉的落日，望着粼粼跃动的湖面，望着择巢而栖的倦鸟，遥思远人，细品少年滋味。

或许，不会有人像我一般深沉地怀念着那片土地。

怀念那里的天空，怀念那里的湖光山色，怀念那里的一草一木，怀念时来食堂啄食的小鸟，怀念我常喂养的湖中那些优哉游哉的鱼儿……更怀念某个人，怀念在阳台上傻傻等她出现的时光。

又一次走在夕阳下的校道上，这是最后一次走过。走过教学楼，看着宣传栏海报，同样的形式，我的笔迹早已不复存在。走过篮球场，记得"勤助杯"球赛的时候，我在这里单场飙射了八个三分球；团委球赛的时候，我在关键时刻连中四个三分球，从而锁定宣传部的胜局。也是在这里，我被撞丢了两颗门牙。

那时，最喜欢待在湖边，长时间地静坐着。在这里大自然是最偏袒我的：蝴蝶会飞到我的肩上，蝌蚪能让我带水捧在手中，还有只小野猫竟跳到我的膝上！在这里，我可以一个人望着蓝天白云，静静地思考人生，细细地品味孤独。心情郁闷的时候，我便穿过湖心的铁桥，沿着那条长满垂柳的小路爬到后山，走进深林，放声呐喊。

走过宿舍前的草坪，终于悲不自禁。魂牵梦萦的地方，魂牵梦萦的人。多少次有意无意地路过，多少次久久地等待，都是为了远远地见她一面。曾记得春寒料峭，微雨连绵，我擎着伞，蹚着水花走过这里。寒风凛冽，鸟鸣轻微而短促，像是少年的重重心事，轻轻地喊出一声，旋即便陷于满怀无奈；更像是你在我的心湖中搅起一池清波，既而报以腼腆的微笑。于是我为你写下短短的小诗：

> 雨啊
>
> 带上我的祈祷
>
> 飘啊、飘啊……
>
> 飘到你温暖的怀抱
>
> 让我的祈祷
>
> 伴你进入甜美的梦乡

然而，此刻我将离去。或许真的就是最后一次"无意"地路过，多么希望还能"无意"地相遇，然而，一次次卷帷望月空长叹，终究美人如花隔云端，多情自古伤离别！

耳语般的哀歌再次伴随着我的脚步徘徊，冬天已然远去，而春天却没有如期到来。我除了怀念和留恋还能做什么？

往事如梦，岁月如歌，浓浓离愁冲尽夏日黄昏的倦意。曾经拥有过、失去过，曾经兴奋过、冲动过，曾经心痛过、流泪过，从此以后，一切都将成为记忆。踏上前往岐关的巴士，面对美丽的珠院，我只能以深情的回望去抵御那段流失的岁月。从此，梦将成为我们的翻译。

【作者简介】曾洪斌，暨南大学生命科学技术学院 2005 级生物科学专业。

暨大珠院山水

吴明聪

于暨南大学之珠院一载，人事颇多，欲细述之，却不知从何起之。故惟记珠院之山水也。

珠院环山，青山绿水相映其中，清幽恬静，甚有诗情画意。及早，日出东山，冉冉而温红。日月湖畔，学子或独自，或二三，诵书记词，书声琅琅。清风徐来，水波不兴，唯有杨柳之飘摇，婀娜多姿。时有鸭鹅成群，游于湖面，或嬉戏，或争斗，或悠闲，生机盎然。湖中亦不乏鲤鱼，结群聚于日月亭之下；偶有女生投食湖面，则竞争之，一时水花四起，波纹漫开，亦是一番情趣。入夜，月色漫漫，星云缥缈，日月湖则为情侣之会处，或并肩而坐，或携手漫步；哝哝细语，卿卿我我，令人生羡哉！

日月湖，虽无西子之质气，亦得世间之灵雅也。

湖坐青山，青山抱水。日月湖之东南为山，山容非峻，山势非陡，林木郁葱，鸟语森然。及雨，青雾缭绕，阵阵轻起，仿若仙境。山中有径，尝随友寻径登之，蜿蜒曲折，其实难攀。及至山腰，竟有一泉，汩汩细流，尤可湿鞋；捧饮之，清凉可口，却无山泉之甘，故不知其实为山泉否。而后登至山顶，临视山下，湖如车盖，人若鳞蚁；万物皆小，唯有天高；风光迷幻，隐隐而现；不禁自觉临天而观乎世，飘然而欲登仙也。遂拍照留念，寻下山。

后闻山中多匪，不觉心寒！而后又有封山禁行之律，至终不复登之。及冬至天寒，湖面鸭鹅亦不知影踪，日月湖不复闻其讨怜之声尔，顿觉空虚。七月去之珠院至广州本部，虽亦有山、水，然非比珠院；珠院山水，为生机之所结也。人处繁华之市，耳闻靡杂之音，郁郁而不乐。何为？忆珠院矣！人言"物是人非事事休，欲语泪先流"，吾曰"时过境迁事事休，欲语泪先流"。呜呼，何时可再寻珠院之山水哉？

【作者简介】吴明聪，暨南大学新闻与传播学院 2005 级新闻学专业。

"蒙古包"远景

"蒙古包"近景

在"蒙古包"食堂外合影的同学

在"蒙古包"食堂内举行联欢会的同学

国庆节当晚 1979 级新闻系学生在"蒙古包"食堂内聚餐合影

暨南师生共同挖明湖

历史系同学在明湖泛舟

暨南大学中文系（1958、1959级）的同学们响应校党委的号召，于
1959年10月至11月踊跃参加挖明湖的义务劳动。图为劳动休息时同
学们自发开展文娱活动的情景

60 年代，由暨大全校各系组成的阵容强大的乐队，在庆祝国庆大会上演奏乐曲

60 年代素有"广东东方歌舞团"之称的暨大文工团在排练东南亚舞蹈

后 记

多年来，暨南大学校友会编辑部陆续收到许多海内外校友的来稿，他们各自记录着对母校的点滴回忆。编辑部同仁在这些往事钩沉中读到了振奋、温馨与青春。基于此，编委会以"暨南鎏金岁月"为主题，通过征集、收集等方式，整理了1958年至今在暨南大学工作、学习过的师生撰写的暨南故事。

本书共收录了42篇不同阶段师生撰写的回忆性文章，都是他们各自的亲身经历。根据暨南办学历程、名师故事、同窗情谊、校园风光共分成四章。第一章"忠信报家国 笃敬矢求知"主要记录了暨大在广州重建、复办时期筚路蓝缕的奋斗历程，彰显了暨南精神。第二章"一生笔墨千秋业 言传身教为师范"主要展现了暨南名师们言传身教的师生故事。第三章"忆同学少年 追往昔之事"主要分享了与相濡以沫的同窗、挚友相处的喜悦和感动。第四章"湖亭映学苑 风光无限好"主要呈现暨南园里让师生们印象深刻、流连忘返的建筑和风景。这些亲历者不仅记录下珍贵回忆，见证学校的发展，也勉励暨南学子和新青年奋发有为、反哺母校，为国家和社会作贡献。

《暨南鎏金岁月》全书共20余万字。本书由陈联、梁燕主编，参与文章收集、整理、编辑等工作的主要成员还有郑帆、赵宏、薛雅心、魏雨迪、郭知凡。

本书的编写工作是在学校党政领导的关心和支持下进行的，暨南大学校友会会长胡军为本书作序。本书的成型和出版还得到了诸多海内外校友的支持，是他们早期的记录才能让这些珍贵记忆得以延续。此外，暨南大学出版社编校人员为本书的出版做了大量工作，在此一并表示谢忱和敬意。

春去秋来，斗转星移。今年是暨南大学建校 117 周年，也将迎接暨南大学双甲之年。我们将这本《暨南鎏金岁月》献给暨南师生、校友以及广大读者。本书中的回忆仅是万千校友回忆中的冰山一角，希望更多的校友看到它能够重新回忆起往昔岁月，并继续投稿给校友会编辑部。

由于本次收录的是回忆性文章，很多老校友的回忆细节存在模糊、不全等现象，编委会也几经查证，力求全面、准确地呈现，但难免在某些细节上存在错漏。同时考虑到文章的篇幅，对部分文章也做了删减。编者能力与水平有限，衷心希望读者们批评指正，以便进一步完善书稿。

编写组

2023 年 10 月